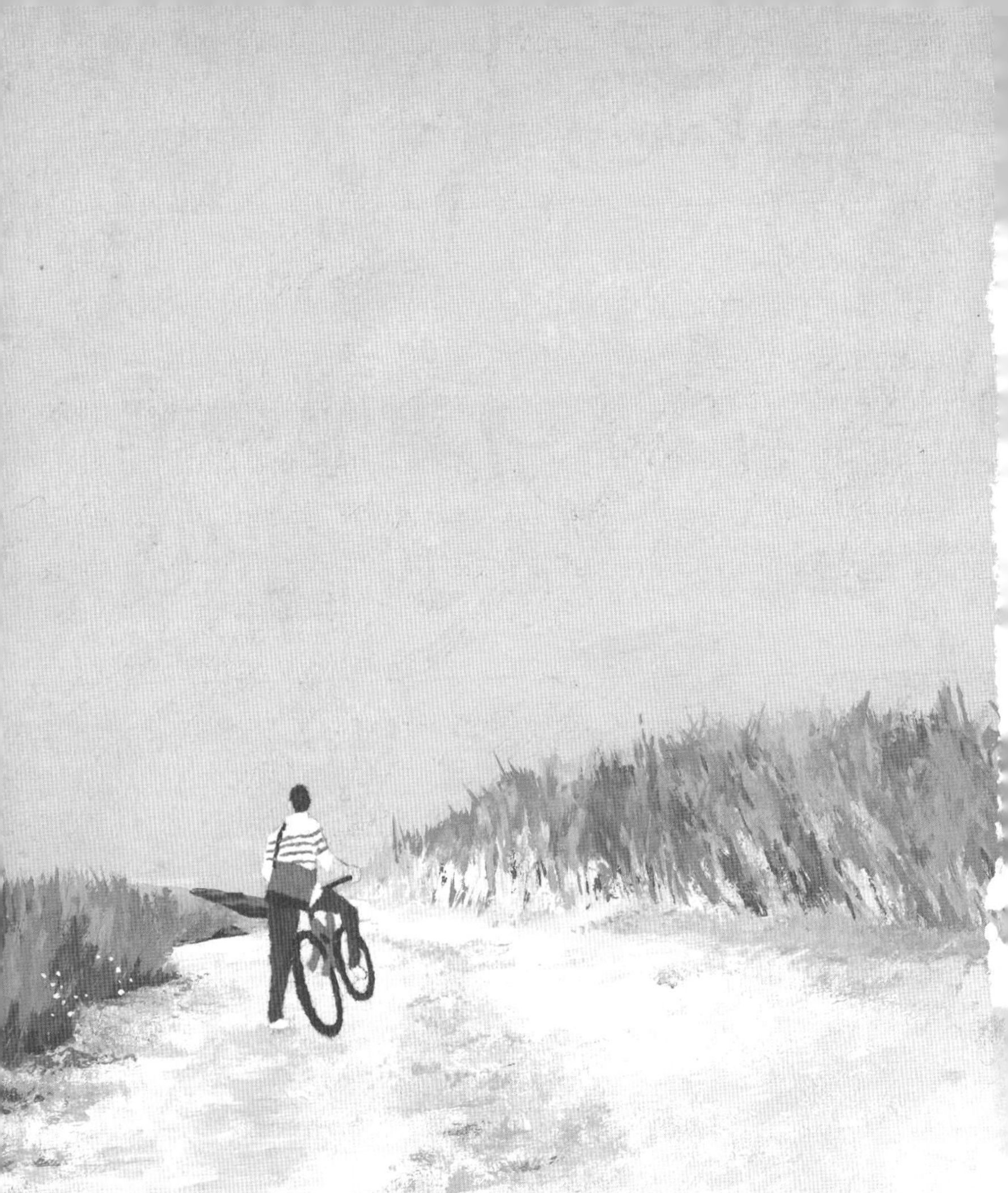

# 人生で一番大切な
# 20代の生き方

和田秀樹

中経出版

泣くより、笑うことを選びなさい。

（『この世で一番の奇跡』オグ・マンディーノ／菅靖彦訳）

# はじめに

20代という時間は、人生においてどのような意味を持つのでしょうか。
若くて体力も気力も旺盛にある。一人前の大人として、自分の意志で行動できる自由を手にしている一方で、まだ若いからと多少の失敗は許される「特権」も持っている。20代はそんな恵まれた状況を活かして、さまざまなことにチャレンジし、人生の土台となる幅広い経験を積むべき時期といえます。

また、今は「人生80年」の時代です。60歳で定年退職したとしても、そこからの人生はまだ20年ほども残されているのです。その長い人生がトータルで実り豊かなものになるか、あるいはただ先細りになっていくだけなのか。それは**20代をどう過ごすかで決まる**と私は考えています。自分が生涯でどれくらいの収入を得られるのかも、20代で決まるといっていいでしょう。

仕事でもプライベートでも、さまざまな経験を重ねていきながら、その経験で得たものも材料にして、長い人生を見据えたライフプランを立てるということが、20代においては一番重要だと思います。20代は、そのライフプランに照らして、必要であれば大胆な方向転換もできる年代です。

20代という迷いの多い時期を、しかも先の見えない混沌としたこの時代の日本で、どう過ごせば後悔のない人生を送ることができるのか。そのヒントをまとめたのが本書です。

第1章では、ライフプランを立てることの意義や、ライフプランで考えるべきことについてお話しします。さらに第2章では仕事で成功する方法、第3章では夢を捨てないための選択としてのキャリアチェンジ、第4章では趣味や楽しみを持つことの重要性についてお伝えしていきます。そして20代を上手に生きるための人間関係と心の持ち方について、第5章と第6章で述べます。

本書が、みなさんにとって、実り多い豊かな人生を送るための一助となれば幸いです。

和田　秀樹

本文デザイン・ＤＴＰ◎ムーブ（新田由起子、徳永裕美）
本文図版◎ムーブ（徳永裕美）
制作協力◎堀江令子
編集協力◎長尾実佐子

# もくじ

Contents

人生で一番大切な　20代の生き方

## 第2章 仕事では、今いる場所で最高の結果を出す

## 第3章 キャリアチェンジのために勉強する方法

## 第4章 一生を豊かにする趣味、娯楽を見つける

## 第❺章　人との上手な関わり方を知る

## 第6章 仕事は長期戦。心身を健康に保っておく

第❶章

# 後悔しない人生を送るために、ライフプランを立てる

01

# 20代は自分にとっての後悔しない生き方を考えるべき時間

## 人生が決まるのは、大学受験や就活より「20代」

人生の道筋はいつ決まるのでしょうか。日本では長いこと、大学受験でどの大学や学部に入るかによって、人生のかなりの部分が決まってしまうとされてきました。

いい大学に入れるかどうかで、人生の勝ち負けが決まる。これまでは現実に、いい大学を出ればそれなりの職業に就くことができて、そこそこ食いはぐれのない人生が送れるといったように、学歴がある程度、その後のライフコースを決定づける面があったことは確かです。

だからこそ、人生設計の中で大学受験は重要なイベントと位置づけられてきました。それにともない、受験合格という最終目標のためのステップとして、都市部では中学受験、地方では高校受験が過熱していきました。

しかも、日本の場合、制度的に大学に入ってからの進路変更がしにくいという面があります。たとえば医師になるには高校時代までに進路を決めて、大学の医学部を受験するというルートにほぼ限定されます。

それに対してアメリカでは、大学は日本の教養課程に相当し、大学卒業後に専門課程の大学院に進むというシステムになっています。医師になる場合は、大学卒業後に医学の専門課程であるメディカルスクールに進むというプロセスをたどります。ですから、医師になるかどうかを大学に入ってから決めることができ、大学卒業後、いったん社会に出てからメディカルスクールに入って医師になるというケースも珍しくありません。

日本では、次に人生の選択を迫られるのは就職活動の時期です。バブル期以前の景気のいい時代なら、一流大学を出ていれば就職に困ることはまずなかったので、大学受験さえクリアすれば、就職については特別に対策を立てたり、悩んだりする必要はあまりありませんでした。

しかし最近では、大学2年生くらいからすでに就職に向けての動きが始まります。公務員試験やロースクール入試に向けて、大学1年生のうちから予備校に通い始める人も少なくありません。

大学時代の早い段階でどう生きていくかを決め、そのための対策を考える必要に迫られるようになりました。私が以前に書いた『頭のいい大学四年間の生き方』という本が支持されたのも、そのような状況を反映してのことだと思います。

このように、従来は大学受験の時点で、あるいは大学生時代に今後の人生をどうするかについて決めることが大事だったわけですが、**今はむしろ、大学を卒業して社会に出てからの20代の時期にライフプランを考えることの重要性が高まってきている**と、私は感じています。

## ライフプランを考えていない人は振り落とされていく時代になる

就職活動では不況の厳しさを感じても、いざ就職が決まって会社に通い始めれば、この先もずっとこのままなんとかなりそうな気がしてくる。「今どきの若者は繊細で打たれ弱い」と見なされているせいか、上司から頭ごなしにガミガミやられるようなこともないし、会社の居心地も悪くない。

昔はそれでもどうにかなりました。終身雇用や年功序列といった慣行が存在していたからです。先のことなど考えていなくても、年とともに自動的に昇進・昇給していくのが当たり前の環境の中、リストラされる心配もなく、定年まで働くことができました。

定年後も、年金や退職金で悠々自適の生活が可能でした。さらにいえば、今よりも平均寿命が短かったので、定年後の生きがいなどということについて考える必要もなく、なんとなく「ご隠居さん」として過ごしていれば、適当なところでお迎えが来る、という形で人生をまっとうすることができたのです。

しかし今**「なんとなく過ごしていればどうにかなる」と考えている人がいたとしたら、その考えは相当甘いといわざるを得ません。**終身雇用は遠い過去のものになりました。たとえ就職できても、その会社で一生面倒を見てもらえる保証はありません。それでも大企業はつぶれないとか、公務員なら安泰などという人がいますが、日本有数の優良企業といわれていたあの東京電力ですら、原発事故によって存続の危機に追い込まれる事態が現実に起きているのです。

2011年3月の東日本大震災後、被災や電力不足の影響で経営難に陥った企業は、社員のリストラを余儀なくされました。こうした「震災リストラ」はかなりの件数に上っていると思われます。

家族やローンを抱えた40代で突然職を失い、求職のために住み慣れた土地を離れて東京に出てきても、そもそも東京は震災前から不況なので、まったく仕事が見つからずに途方に暮れる、というケースも少なくないようです。

その一方で、震災後の復興で建設需要が増大し、斜陽と見られていた建設業がにわかに

## ライフプランは20代のうちに立てる

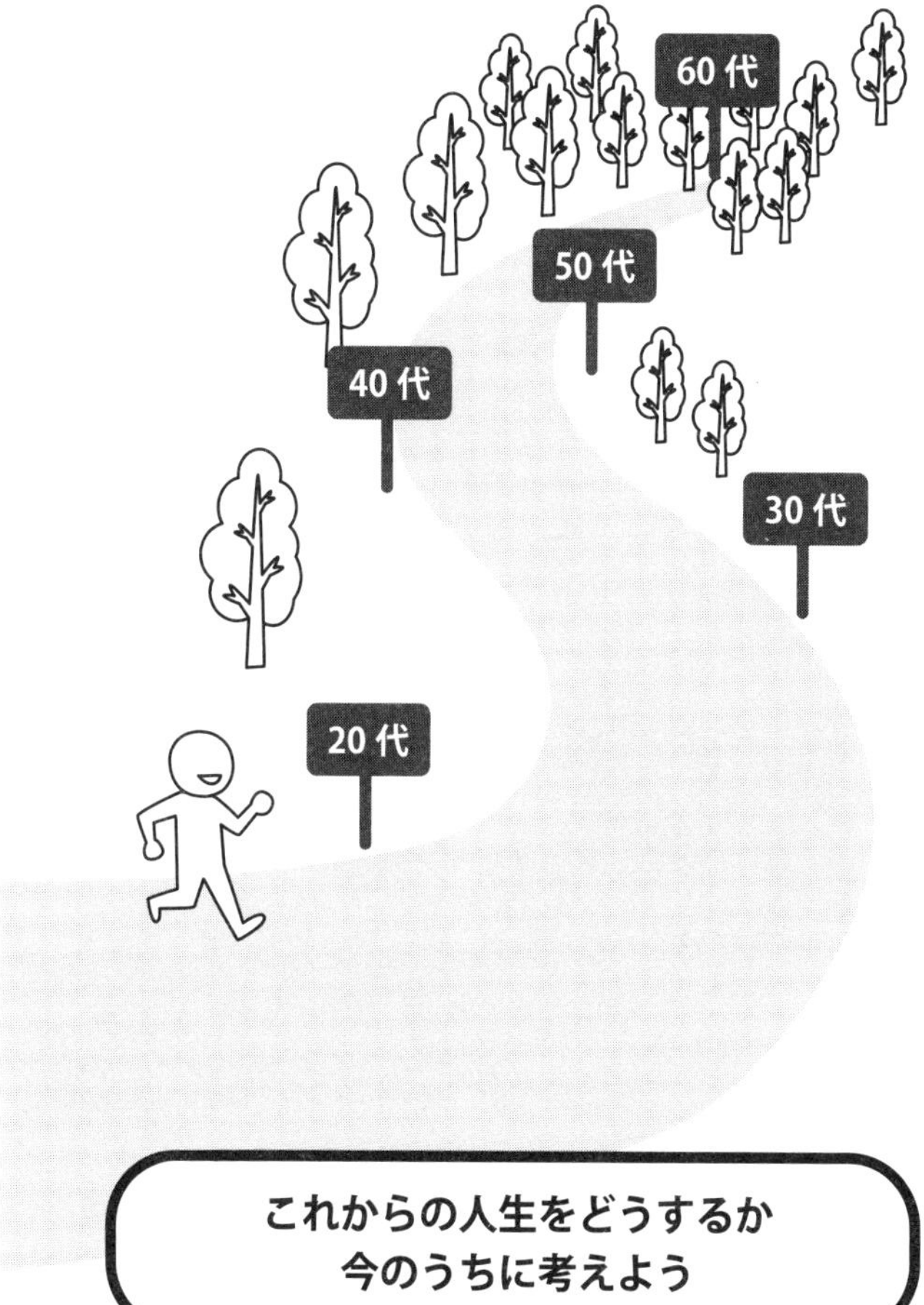


**これからの人生をどうするか
今のうちに考えよう**

活気づくといった種類の「不測の事態」も起きました。

まさに「一寸先は闇」であり、私たちはこの先何が起こってどうなるのか、まったく読めない時代にいるのです。そんな時代を何の考えもなしに生きていたらどうなるでしょう。「自分は何がしたいのかも、何が向いているのかもわからないし、とりあえずいろいろな仕事が選べるからいいかな」と、安易に派遣社員になろうものなら、一生派遣社員でいるしかなくなる。それが今の社会の現実です。

「震災リストラ」でもそうでしたが、雇用が悪化すれば真っ先に職を失うのは、派遣社員などの非正規雇用者です。人生80年の時代に、40代で仕事が途切れてしまったら、その先どうやって生きていくのかは深刻な問題です。


残念ながら、社会は無計画に生きている人間や、情報を持たない人間にとって、どんどん冷たく、厳しいものになってきています。

**自分はどうやって生きていくのか、何をして食べていくのかというライフプランを何も立てていなければ、相当な秀才であろうが、容赦なく下流に振り落とされてしまう危険性がある**のです。

02

# なぜ20代でライフプランを立てるべきなのか

## 20代はキャリアチェンジの最大のチャンス

20代でライフプランを立てることに意義があると私が考える理由の一つは、20代であればキャリアチェンジを実現できる見込みが高いからです。

前述のように、アメリカでは社会に出てからメディカルスクールに進んで医師になるといった形でキャリアチェンジを果たす人も多いのですが、日本の場合、社会人が医師になろうと思ったら、一から受験勉強をやり直して大学の医学部に入り直すしかないのが実情です。多くは大学1年生から、学士入学という形で編入するにしても3年生から大学に通い直さなければなりません。

それにはまず、大学受験のための受験勉強期間が1〜2年程度は必要になります。それから大学の医学部で6年間学び、さらに卒業後2年間の研修を経て、やっと一人前の医師になることができます。つまり、医師へのキャリアチェンジを果たすには、ざっと10年ほどの時間がかかるのです。

弁護士へのキャリアチェンジも同様です。以前の司法試験制度であれば、社会人でも働きながらコツコツ勉強し、司法試験を受験して弁護士になることも可能でした。しかし現行の制度では、ロースクール（法科大学院）を修了しないと司法試験の受験資格は得られません。2011年より、ロースクールを経由しなくても司法試験の受験資格を得られる司法試験予備試験が実施されることになりましたが、ロースクールの存在意義との兼ね合いから、合格者数はかなり絞られるのではないかという見方もあります。

ですから、原則的にはまずロースクールに入る必要があるのですが、その入試も最低1

年間くらいは受験勉強が必要な難関です。さらにロースクールを修了するには、大学の法学部出身者で2年、それ以外の人は3年かかります。

ようやく司法試験の受験資格が得られても、司法試験に一度で合格できるとは限らず、何年か浪人しなければならないこともあります。そして合格後には1年の司法修習も待っています。弁護士へのキャリアチェンジも、トータルで7〜8年はかかる長期計画になります。

以前、テレビ局の元アナウンサーの女性が司法試験に合格したことが話題になりました。その話題に接して「そういえば、彼女をテレビの画面で見なくなってずいぶんたつな」と感じた人も多かったのではないでしょうか。彼女も、法科大学院を修了してから司法試験に合格するまでには3年ほどかかっていたようでした。

やはり大きなキャリアチェンジには、相応の時間がかかります。だからといってあきらめる必要はありません。しかし、決断するなら若いうちのほうが有利な点が多いのです。

**20代のほうが30代以降よりは、キャリアチェンジに成功するチャンスはずっと大きい**といえます。私もいろいろな年代の読者に向けた本を書いてきましたが、「キャリアチェンジを考えるなら、20代のうちに頑張ったほうがいい」というのが率直な意見です。

収入が伸びないとか、会社の先行きが不安、あるいは会社という組織で働くのが苦痛といった悩みを抱えている人がいたとして、もしその人が20代であれば「そこまで悩んでいるのなら、医学部に入り直して医師になることを考えてみては?」というアドバイスも比較的しやすいのです。しかし、40代の人に対して同じアドバイスはなかなかできません。

「医学部に入り直して医師に」などというのは簡単ですが、現実に家族や住宅ローンを背負い、子どもの教育に悩み、リストラの不安におびえるといった状況にある人にとって、数年もの間、ほぼ無収入になるのを覚悟で、一から勉強をやり直すなどということは、容易に踏み切れるものではありません。

いくら私が「医師になれば再就職の心配もしなくて済むようになりますよ」などといってみたところで、「和田先生、それはあなたが受験のプロだから、そんなにのんきなことがいえるんですよ」と反論される確率のほうが高いでしょう。
年齢が高くなり、しがらみや背負うものが増えていくほど、思い切って新しい道へと踏み出すのは難しくなります。その意味で、20代はキャリアチェンジを決断するチャンスといえます。

## 今の時代、社会に出てから生き方を変えられる

かつて大学受験や就職活動が人生を決めるとされていた最大の理由は終身雇用です。終身雇用が普通だった時代には、ほとんどの人は新卒で入った会社に、定年までずっと勤め続けました。ですから、大学時代の就職活動は自分が一生働く場所を決めるためのものであり、就職先が決まる過程で、大学名は大きな意味を持ちました。

また、いわゆる学閥が存在する会社も多く、高い役職は特定の大学の出身者で占められていて、その大学出身者でなければ出世がしにくいなどといったこともよくありました。出身大学が、出世を左右していたのです。運悪く自分は学閥から外れていて、その会社で

の出世は望みが薄かったとしても、簡単に転職することもできませんでした。その環境の中で辛抱しながら、なんとか昇進するための方策を探すというのが、当時の一般的なサラリーマンのあり方だったのです。

ですから、私が以前に20代に向けた本を書くとしたら、上司との人間関係を円滑にする方法や、与えられた仕事をこなす能力の高め方など、同じ職場に勤め続けることを前提として、そこで頭角を現すにはどうすればいいかという話を中心にしていたと思います。

もちろん、今でも同じ職場で働き続けるという選択肢がなくなったわけではなく、安易な転職はおすすめできません。いくら終身雇用がなくなり、転職も一般的な選択肢になったとはいえ、新卒で入社した途端「自分には合わない気がする」と、そこでスキルや能力を磨くこともないまま簡単に会社を辞めてしまうのは、非常に損なことだと思います。

しかし時代が変わり、終身雇用がなくなったことで、一生ずっと同じ会社に勤め続けるのか、時期を見て転職するのか、あるいは独立して起業にチャレンジするのかといったように、社会に出てから決められる生き方の選択肢が増えたことは確かです。

**20代で自分は今後どの道を選ぶのかを決めれば、それによって、今の職場でどう働けばいいか、何を身につければいいかが見えてきます。**

転職や起業をするにしても、それを成功させられるかどうかのカギは、20代でのライフプラン選びと過ごし方にあるのです。

03

# ライフプランを考えなければ、就職活動も失敗する

## ちゃんと対策を立てて、就職活動をしているか

そもそも就職活動にしても、数十社も受けて全敗したなどという話も聞きますが、そんな結果になるのは、不景気だからというよりは、**本人がライフプランについてあまり考えないまま就職活動をしている**ことにも原因があるのではないかと思います。

たとえば大学受験でも、志望校を決めるから受験対策ができるのです。この大学を受けようと決め、その大学の入試問題の傾向に合わせて対策を立て、それに沿って勉強するからこそ合格できるわけです。

何であれ、受験というものは対策をして臨むのが普通です。にもかかわらず、就職試験に関しては、何の対策もせず、やみくもに受けて回るようなやり方をする人が目立ちます。

自分のライフプランを決め、それに合わせて会社を選び、その会社に関して十分な研究をしたうえで入社試験に臨む人と、とりあえずたくさんの会社を回れば、どこか1社くらいは自分に目を留めてくれるだろうという発想で受ける人とでは、どちらが採用される可能性が高いかは明らかです。

**自分がどう生きていきたいかというライフプランによって、どの会社を選ぶかも決まるはずです。**たとえば、将来転職や起業をしようと考えているなら、それに役立つものが得られる会社を選ぶとか、多少給料は安くても、この会社なら語学力が磨けるから転職で有利になるとか、中国貿易をやっている会社だから、その関係の人脈がつくれて起業に役立ちそう、といったことに目をつける選び方もあります。

## 「つぶれない会社」とは、どんな会社か？

一方、**ずっと同じ会社に勤め続けたいのなら、安定性を重視して、いかに「つぶれない会社」を選ぶかが重要になります。**それは、大企業を選べば安心などという意味ではありません。このご時世でも、会社の規模などとは関係なく、つぶれる可能性が極めて低い会社も存在します。

東日本大震災後、全国で一時的に納豆が品薄になりましたが、そのおもな原因の一つは、納豆のパックを包装するフィルムを製造する会社が被災したことでした。納豆メーカーではない会社の生産力が落ちたことによって、納豆の出荷が滞り、店頭から消えるという事態が生じたのです。

そのフィルムメーカーは、有名企業でも大企業でもないかもしれません。でも、もしもそこがつぶれようものなら、多数の納豆メーカーが大打撃を受けるほどの会社だということです。ほかがまねできないものを持っている会社はつぶれようがありません。

そういうことは、そういう会社がないか、アンテナを立てている人だけが、気づくことです。就職や会社選びについて真剣に考えている人とそうでない人とでは、そんなところでも差がつくのです。

「自分は何をしたいのかまだよくわからない」「今決めるには自信がない」ということであれば、それはそれで、そこを起点にして考えることもできます

それなら20代は修業の期間と位置づけて、学生時代に社会を見られなかった分、会社に入ってからじっくり世の中を見ようという考え方があってもいいと思います。

そのためには**なるべく社会がよく見渡せそうな職場を選ぶ**というふうに、今何を選べばいいのかという方向性もそこから見えてくるはずです。やりたいことが見えているにせよ、見えていないにせよ、それなら今どうするかを「考える」ことが大切なのです。

04

# 社会に出てから見えるものがある

## 営業力を鍛えれば、セールスのプロとして、高収入が得られる

自分の人生を支えるコアスキルとなるものを磨いていくうえで、20代は大事な時期です。しかしそれにはそもそも、どんなスキルを磨けばいいかということを知っておかなければなりません。

従事している人が多いわりに、日本ではスキルとしてあまり重要視されていないものの一つに、相手に何かを売る営業、つまりセールスのスキルが挙げられます。

アメリカでは、セールスマンの地位は日本とは比べものにならないほど高いのです。日

本の保険会社で有能なセールスマンだった人が、ヘッドハンティングされて外資系の保険会社に移ったら、日本の会社とはケタ違いの巨額の報酬を提示されたという話はよくあります。

将来的に見ても、**セールスのスキルは、重要性が高まりこそすれ、不要になることはまずない**のです。

**これからの知識社会で生き延びるには、知的専門職もしくは企業のトップに就くか、あるいはサービスのプロになるしか道はない**、というのが経営思想家のピーター・ドラッカーの説です。その説によれば、指示されたとおりにものを組み立てるなど、単純作業に従事するマニュアル労働者は淘汰されていくことになります。

すでにグローバリゼーションの流れの中で、工場などでは人件コスト削減のために外国人労働者を活用する動きが進んでいますが、さらに安価な労働力であるロボットがそれにとって代わるのも、そう遠くはないと見られています。

工事現場などでも、ロボットなら危険な作業もできるうえ、24時間労働が可能です。さらにいえば、ロボットは量産することによって製造コストが下がるので、大量に導入するほどコスト削減につながるなど、多くのメリットがあります。福島第一原子力発電所の事故にしても、起こったのがもしあと10年遅ければ、危険な現場作業の大半にロボットを投入することで、もっと早く事態を収束させることができていたかもしれません。

それでもサービスのプロになれば生き残れるとされる理由は、たとえロボット万能の時代が来たとしても、サービス労働の多くは、ロボットにとって代わることができないからです。その代表格がセールスや接客業です。ネット上での注文に、営業がとって代わられた、ということはありますが、個別の案件への細かい対応は、〝人〟にしかできません。

ですから、営業やセールスというのは、一般的に考えられているよりもずっと重要度の高いスキルなのです。

以前、私がセールスマンを対象にした研修を行ったときに聞いた話ですが、セールスのスキルの何が魅力かというと、売るものが別のものに変わっても成功できる点だといいます。つまり、自動車会社で年間１００台売っていたようなセールスマンであれば、その会社でもかなりの高年収を得られますが、保険会社に移れば、さらにその何倍にも年収がはね上がるといったことがあり得るのです。

東日本大震災後に復興事業が始まり、不況だった建設業も上向きになるのではないかと見られていますが、その中でも企業が必要とするのは、優秀なセールスマンです。

何十万人もの人が家を失い、新たに家を建てるという大きな需要が生じたわけですが、どんなにいい家をつくれるハウスメーカーでも、セールス力が低ければ受注はできません。そこで優秀なセールスマンを確保しようという動きが生まれます。たとえばこれまで車をたくさん売っていたセールスマンであれば、家のセールスにフィールドを変えても売れるでしょうから、引く手あまたです。

このようにセールスは、プロになっておいて損はない職業なのです。ところが、そういうことは社会に出てみないと気づくことができません。

学生のうちは「営業なんて」と思うかもしれません。でも、会社の売上を支えているのは営業であり、営業部門は社内でも花形扱いされ、出世するのは営業畑の人ばかりという企業文化が続いている会社は今でも多く、会社に入ればそれを肌身で感じるはずです。

## 派手な職業に踊らされず、自分の強みをつくれる仕事を考える

「クリエイティブな仕事がしたいから、宣伝部で働きたい」といったふうに、イメージ先行で考える人も多いものです。しかし、CMや広告を制作するのは基本的に広告代理店や制作会社であり、企業の宣伝部はそれをただ発注するだけですから、宣伝部に配属されたとしても、それで広告制作のスキルが身につくわけではありません。

それでも宣伝部にいれば、CMにどの芸能人を起用するかといった一見華やかなことにかかわり、宣伝予算も動かすので、自分はすごい仕事をしていると勘違いする人も増えます。しかし、そういう人はえてして使いものになりません。

今の時代であれば、テレビＣＭよりもネット広告のほうがよほど効率的で、現実にアメリカではネット広告が圧倒的に主流になっています。しかし日本では、いまだに多くの企業が広告代理店のいいなりに、テレビＣＭを流し続けています。本物の宣伝のプロなら、広告代理店の人間をいい負かしてでも、より効果の高い宣伝手法を取ろうとするはずです。それだけ日本の企業には宣伝のプロとしてのスキルを持つ人が少ないのです。

派手に見えたり、かっこよく見えたりする仕事と、あとあと活躍できる仕事、コアスキルが身について成功できる仕事は別です。転職ひとつ取っても、宣伝部にいたというだけではそう選択肢は多くないでしょうが、着実に売る力のあるセールスマンなら、まず転職先に困ることはありません。

こうしたことは、やはり社会に出てみなければなかなかわからないことです。**20代でライフプランを立てることの意味として大きなものの一つは、学生時代と違い、社会を経験していること**です。それが20代の強みといえます。

05

# 20代なら回り道ができる

## すべての経験を通して、「いかに生きるか」を考える

20代になってこそ見えること、社会に出て初めて気づくことはたくさんあります。実際に会社で働くようになると、「この業界は思っていた以上に伸びしろがありそうだ」「この会社はこんなに利益率が高かったのか」「この部署は先行きが明るそうだ」「下請けのあの会社はなかなか将来性がありそうだ」など、いろいろなことがわかってくるものです。

社会に出るといっても、自分が身を置くのは特定の会社なり業界といった狭い世界ですが、その**狭い世界で知り得ることや、経験できるさまざまなことが、ライフプランを立て**

**るにあたって生きてくる**のです。

世の中が少し見えて、そのうえで今後どうしていこうかと考えられるのは、大きなメリットです。たとえば20代で医学部に入り直すというと、高校を卒業してすぐ医学部に進むのと比べれば、すごい回り道のように見えるかもしれませんが、ビジネスとして成功している医師の中には、一度社会に出た経験のある人もけっこう多いのです。

世の中が見えるという意味では、当然ながら20代よりも30代や40代のほうが、見える度合いはより大きくなります。しかし、ここが難しいところなのですが、では30代や40代になってからキャリアチェンジしようとか、こういうコアスキルを磨いていこうとか、あるいは起業しようと考え始めるのはありなのかというと、今度は準備期間が十分に取れないという問題が生まれます。

30代でのキャリアチェンジや起業は難しいといっているのではありませんが、やはり先に行けば行くほど、何かをするために費やせる準備期間は短くなります。たとえば30代で起業することを、30代になってから考え始めたのでは、準備時間が限られてしまうので、結果的に実現は後ろにずれ込んでしまいます。

**30代でこうするという目標を、20代のうちに設定して、それに向けて準備のスタートを切れば、予定どおり30代で目的地に到着できる可能性は高くなります。**

社会を知り、なおかつ目標に向かうための準備期間も十分に取れる20代は、ライフプランを考える時期としてベストなのです。

## どんな人生を描くかを意識して過ごす

仕事や職場環境がどうであれ、新卒で入った会社には、最低3年間くらいは勤め続けたほうがいいというのが私の考えです。

「石の上にも3年」ではありませんが、前述のように、組織の人間関係や企業というものの仕組み、取引先との関係といった、学生時代には知り得なかった世の中のことを、いろいろな形で知ることができるからです。

また、別の会社に就職した同級生と、お互いの会社や業界についてあれこれ話し合うことで、情報を得ることもあるでしょう。

20代は、そんなふうにして社会や世の中の仕組みを、多少なりともかじれる時期です。逆にいえば、ここが一番重要なポイントなのですが、**日々、世の中を知ろうという意識を持っていなければ、会社でいわれた仕事をただこなしているうちに時間は過ぎていってしまいます**。

20代でライフプランを立てるといっても、何歳で転職するとか起業するとか、あるいはこの会社で絶対ここまで上りつめるといった綿密なプランを、少しでも早く立てなさいといっているわけではありません。**20代という時間の中で、自分はどんな人生を歩んでいきたいかを、大局的に決めておくことが必要**なのです。

ずっと今の会社で働き続けるのか、転職や起業を目指すのか。自分はこういうスキルを磨けば食べていけそうだ。こういう方向にキャリアチェンジすれば豊かな人生が送れそうだ。そうしたことを、20代で得た経験や知識を材料にして考えていくということです。

社会に出て実情を知ったからこそ決められること、考えられることは多々あります。たとえば、リクルートという会社は、若いうちに起業する社員が多いことで知られています。実際、華々しい成功を収めているリクルート出身の起業家がメディアにもたびたび取り上げられています。

外部から見ると、リクルートから独立して起業した人は誰もが成功しているかのような印象を受けますが、実際のところはそうとは限りません。基本的にメディアが取り上げるのは成功した人だけです。うまくいっている人がたくさんいるのは事実だとしても、一方で、うまくいっていない人もそれと同じくらい、あるいはそれ以上いるのかもしれません。

私の推測にすぎませんが、リクルートから起業した人の成功率も、実情は2、3割といったところなのではないでしょうか。おそらく、ずっとリクルートの社員として働き続けたほうが、結果として高収入だったというケースのほうが多いのかもしれません。

社内で働いていれば、成功も失敗も含めて、さまざまな実例を見聞きする機会がありますから、そうした実情もわかってくるはずです。入社してみて、実は起業の成功率は2割程度とわかれば、このまま会社に残ると決めて、リスクを回避することもできます。

一方で、その2割の勝ち組の成功ぶりを間近に見たことで目標が明確になり、リスクは承知でその2割に賭けて、勝負に出てみようと腹をくくる人もいるでしょう。


起業や転職をするにしても同じ会社に働き続けるにしても、実情を知ったうえで決断するのと、ただなんとなく決めるのとでは、まったく意味が違います。

社会で実際に見聞きしたことや得た経験をもとに、ライフプランを構築していくこと。いいかえれば、**ライフプランを確立するために必要な知識や経験を得ようと、意識して過ごすことが20代においては必要**になります。

## 働き続ければ、自分のどんな能力が売りになるか、わかってくる

大事なのは「20代のうちにライフプランを立てる」という意識を持つことです。

そういう意識を持てば、会社に入って数年のうちに、するべきことがわかってきます。

会社に残って働き続けるなら、どの部署で働くのが最適か。その部署に移るためにはどうしたらいいのか。海外赴任はしたほうがいいのか。会社の留学制度はうまく利用できないか。あるいは、医学部を受け直すために、とにかく1年間は働いて資金をためようといったように、具体的なことが考えられるようになります。

**20代のもう一つの強みは、社会における自分の商品価値がわかってくること**です。

自分という人間が、社会の中でどういうニーズに合っていて、どういうニーズには合わないのか。どんな能力が売り物になり、どんな能力は売り物にならないのか。自分は人づきあいが下手なタイプだと思っていたけれど、営業の現場で働き始めたら、意外にもお客さんに気に入られて成績がよく、セールス向きだとわかるなどということもあります。

実際に社会の中で仕事をすることによって、学生時代にはわからなかった、自分自身の相対的な商品価値が把握できるのです。

20代は、社会を知り、自分の商品価値を知ることができる年代です。転職や起業などのアクションを起こすためには、具体的にどんなことが必要なのかということもわかってきます。**ライフプランを立てるために必要な、さまざまな材料を手に入れられる**のです。

日本ではこれまで、準備不足のままライフプランを選ぶケースが多かったのは事実です。大学受験で人生が決まるといっても、受験のときに人生の先々までを見据えて、じっくり時間をかけてどの大学や学部に行くかを決めるというわけにもいきません。高校3年間をかけて志望校を決めたりしていたら、受験勉強のスタートはそれだけ遅くなります。現役での合格を目指すなら、そんな悠長なことはしていられません。

かといって、中学生のうちから進路を決めるというのも、多くの場合は幼すぎて現実的ではありません。結局、より偏差値の高い大学に入っておけば、まあ間違いはないだろうという「大は小を兼ねる」式の大雑把な判断基準で決めるほかありませんでした。

就職にしても同じです。大学2年生から就職活動に向けて動き出さなければいけないようではあわただしく、準備不足のまま就職先を選ばざるを得ません。

たとえばテレビ局のアナウンサーのように、いわゆる「勝ち組」とされる職業をとりあえず選べば間違いはないと思っても、アナウンサー試験などは就職が針の穴をくぐり抜けるほどの難関なうえ、景気の先行きによっては将来にわたって絶対安泰ともいえません。

医師になるにしても、私たちの時代は、大学の医学部6年の間に、内科や外科などの診療科を選ぶことになっていました。医師としての経験もなく、自分の適性や、その診療科の将来性もじっくり見極められないうちに、進む道を決めなければならなかったのです。

準備不足のままライフプランを選べば、ゆくゆく誤算が生じる可能性も高くなります。**より「間違いのない」ライフプランを立てようと思うなら、相応の準備が必要**です。20代はそのための時間と材料があるのです。

## 20代のほうが
## キャリアチェンジに成功するチャンスは大きい

30代で自分は
こうなりたい！
スキル
起業
資格
経験
知識
そのために必要なものを
20代で身につけておく

06

# 結婚について考える

## いつ結婚するのかを決めておく

ライフプランのもう一つの重要な柱となるのが、結婚や子どもについてです。自分は結婚するのか、独身のままでいくのか。結婚するならいつごろにするのか、子どもを持つのか持たないのかといったことも、20代のうちに考えておくべきでしょう。

なるべく早いうちに結婚して、40代くらいまでに子育てを終えていれば、そこからあらためて勉強し、資格を取得するなどして、第二の人生を充実させていくこともできます。

逆に、若いうちは仕事に集中して稼げるだけ稼ぎ、ある程度経済的、精神的な余裕ができてから家庭を持ち、子育てをスタートさせるという考え方もできるでしょう。

仕事や働き方をどうするかというキャリアプランにも大きくかかわることですから、そこは決めておく必要があると思います。

これからは、**どうやって生きていくかを考えていない人は淘汰されていく**時代です。どうやって生きていくかという問題には当然、結婚も含まれます。


今は晩婚化が進んでいますから、20代で独身というのはごく普通のことです。以前に比べ、結婚の時期なども、社会的なプレッシャーを意識せずに、自分の考えるライフプランに合わせて決めやすくなっている面もあると思います。

ずっと独身という形で、背負うものが少ない生き方を選ぶ道もあるし、できるだけ早く家庭という基盤を築き、そのうえでキャリアを固めていくという選択肢もあります。


女性の場合はとくに、出産がかかわってくることもあり、結婚や子どもを持つことによって人生が変化する度合いが男性よりも大きいので、より重要な問題であるといえます。

仕事はせずに家庭に入る専業主婦の道を選ぶのか、仕事はするけれど家計はおもに夫に担ってもらうのか、あるいは自分もバリバリ稼いでいきたいのか。それによって、どういう相手を選べばいいのかも変わってきます。

男性でも、配偶者の収入を計算に入れてライフプランを立てることはあり得ます。たとえば将来起業したいとか、資格取得のために勉強したいなどのプランがあり、そのために一時的に収入が不安定になることを見越して、たとえば看護師など、確実に生計を立てられる可能性が高い職業の女性と結婚することを選ぶ人もいます。妻の収入が安定していれば、その分自分の生き方の自由度が高まるからです。

こうした選択をよしとするか、あるいは抵抗を感じるかは、個人の価値観の問題ですので、どんな選択がいい、悪いというつもりもありません。ただ、自分はどうするのかということはしっかり考えておいたほうがいい、ということは確実にいえます。

## 「打算的な結婚」は悪ではない

そうはいっても、誰と結婚するかは恋愛の成り行きしだいで、計画どおりにいくようなものではないし、そんな計画を立てるのは打算的だ、という意見もあると思います。

確かに、成り行きで結婚するというのも、それはそれで一つの生き方です。

しかし今は、**世の中が厳しくなってきている分、計算せずに行動すると損をするリスクが昔よりもずっと大きくなっている**のは確かです。だからこそ、20代のみなさんには「感情だけに流されないようにしましょう」ということをお伝えしたいのです。


率直にいえば、私は計算して結婚するということが、必ずしも悪いことだとは思っていません。

なぜかというと、その計算が外れることはあまりないからです。たとえば高収入のパートナーと結婚して、経済的な心配の少ない人生を送ろうという計算をしたとします。そこで実際に収入の高い相手と結婚できれば、「経済的な心配の少ない人生を送る」という計算はおおむね外れないでしょう。


話をわかりやすくするために極端な例を挙げれば、昔よくあったように出世を狙って社長の娘と結婚した場合、出世についてはかなりの確率で狙いどおりになるということです。

ただ「計算が外れない」というのは、あくまでもその「計算した部分」に関してのことです。それ以外の部分については、よくも悪くも誤算が生じる可能性は当然あります。

たとえば、経済的な安定を考えて高収入の夫と結婚したら、確かに経済的には不自由しないけれども、夫が忙しすぎて家庭をかえりみないとか、社長の娘は一緒に暮らしてみたらすごくワガママだったとかいうことはあるかもしれません。


でも、そこはある程度、割切るしかないのです。

収入なり出世なりを計算し、その点を優先してパートナーを選んだのですから、**計算どおりに事が運べば、それ以外の部分については割り切りやすい**はずです。


さらにいうと、たとえば高収入な相手であれば、仕事が忙しくて当然ですから、あまり家庭のことをかえりみないといったことは、想定の範囲内のことだともいえるわけです。

それが意外にも家庭を大事にするタイプだったりして、その想定が裏切られたとしたら、それはむしろラッキーです。

一方、計算せずに恋愛からの成り行きで結婚した場合、すごく優しい人だと思っていたのに結婚してみたらそんなことはなかったとか、家庭的に見えたのに違ったというように、いいと思っていた部分が実はそうではなかったという「化けの皮がはがれる」パターンで想定が裏切られることのほうが多いのです。

結婚は恋愛の延長という感覚で、うまくいかなければ別れてほかの相手を探せばいいと考える人もいますが、実際にそう簡単にいくものではありません。子どもができれば、責任が生じます。また、恋愛と違って婚姻は公的な関係ですから、別れるには多くの場合、相当な時間や労力やお金がかかることを覚悟しなければなりません。

ですから、打算で結婚するということが、一概に悪いとはいえないと思います。よくいわれることですが、大多数の人がお見合いで結婚していた時代と、恋愛結婚が一般的になってからでは、離婚率は後者のほうがはるかに高くなっています。

かつてのお見合い結婚では、相手に対して恋愛感情が持てるかどうかということはあまり期待せずに、まずは養ってくれるとか、家事をしてくれるといったことを互いに期待して結婚していました。つまり、いってみれば打算で結婚していたわけで、それでも多くは家庭を築く中で自然に夫婦らしくなっていき、そこそこうまくいっていたのです。

もちろん、男性でも女性でも、「自分はしっかり稼ぐ能力があり、パートナーに依存する必要はないので、恋愛感情を最優先にして相手を選ぶ」という考え方もあります。

ライフプランを立てるということは、そういうことです。打算的な結婚はよくないということでもなければ、恋愛感情は無視するべきということでもありません。

恋愛感情を大事にして、その部分で妥協のない結婚がしたいと思うのであれば、どうすればそれが可能になるかを考える必要があります。**キャリアプランと同様、結婚も成り行き任せにするのはリスクが大きいと**いうことは、認識しておいたほうがいいでしょう。

## 好条件の結婚相手を見つけるなら、早くから準備する必要がある

今や、結婚はしようと思わなければできない時代になってきています。

独身でいるほうが気楽ですし、昔と違って、炊事洗濯をしてくれる妻や養ってくれる夫がいないと生活に困ることもあまりありません。独身でも不自由を感じることが少ないので、男女ともになかなか結婚しようという気にならないという現状があると思います。

女性は自分で稼ぐことができれば、結婚に関しての自由度はかなり高くなります。医師や弁護士、あるいは会社員として有能であるなど、比較的安定して高収入を稼げる女性であれば、夫に経済的に依存する必要がないので、結婚したくないのならしないで済みます。また、結婚するにしても、相手の経済力を気にすることなく、恋愛感情を最優先にして好きな相手を選べる自由さが持てます。さらに極端なことをいえば、結婚後に夫からＤＶ被害を受けるなどということがあった場合、自分自身に経済力があれば、迷わず離婚に踏み切れるはずです。稼げることが、結婚のリスクヘッジにもなります。

一方で、自分は働かずに夫に扶養してもらう専業主婦になる道もあります。男性が経済力のある女性と結婚して、完全な「専業主夫」になるパターンも、ないわけではありませんが、やはりまだまだ少数派です。その意味で、これは女性にとってのみ一般的な選択肢といえると思います。

しかしそれも、ただ漫然と願っていればどうにかなるものでもなくなってきています。日本も格差社会になりつつあるといわれています。専業主婦になりたいと思っている女性にとっての格差社会の怖さは、「男性に養ってもらえる確率が大幅に下がる社会」であることです。

高収入の「勝ち組」男性が100人に1人しかいない社会になれば、そのわずかな勝ち組男性と結婚するのは相当難しくなります。

それでも「私は美人だから、100人に1人の勝ち組男性をつかまえられる」と考える女性もいるかもしれません。

たしかに、途上国型の格差社会では、女性の最大の価値とされるものの一つがルックスである場合も多いようですから、美人であれば、玉の輿《こし》に乗ることも夢ではありません。

しかし、日本が今後、アメリカ型の格差社会になっていくとするなら、話は違ってきます。

たとえばウォール街の年収100億円クラスの一流ビジネスマンの妻は、たいてい同じようなキャリアのビジネスウーマンだったり、医師や弁護士だったりします。アメリカ型の格差社会では、エリートといわれる男性が、ただ美人であるという理由で自分とかけ離れたバックグラウンドの女性を妻にすることはあまりありません。同じ階層の人同士でしかつきあわないので、自然と同じ階層内での結婚が多くなるのです。

このような社会において、**より上層の男性と結婚したいと思うなら、女性はルックスよりも学歴や職場環境がよいものにしようと努力するのが圧倒的に有利**なのです。

専業主婦になるのだから、学歴や教養も立派な職歴も必要ないという考えを持っている女性は今や少数派かもしれませんが、こうした考えは非常に甘いといわざるを得ません。花嫁修業しながら結婚相談所にでも登録して相手を探そうと思っても、そこには同じように、ルックスにはまあまあ自信があるけれど出会いがないという女性がたくさん登録していて、その女性たちと競争していかなければなりません。それなら、エリート男性たちと日常的に一緒に働いている女性のほうが明らかに有利です。

「結婚したいのに出会いがない」という声はよく聞きますが、ただ漫然と過ごしていたら出会いがないのは当然のことです。早いうちに結婚しようとか、収入の高い男性をつかまえたいと思うのであれば、準備は早く始めるのに越したことはありません。

結婚相談所なども、あまり期待しすぎるのはよくないと思いますが、出会いの場の一つとして利用してみるのも悪くないでしょう。

相談所によっては数十万円かかる登録費用を高いと思うか安いと見るかは考え方しだいですが、少なくとも何もしないよりはいいのではないでしょうか。**積極的に出会いを探していかないと、ライフプランどおりにいかなくなってしまう。そのリスクと比べて考えてみる**とよいかもしれません。

07

# 子どもを持つか、家を買うか、を考える

## 子どもを持つと、ライフスタイルが数年、変化することを考慮する

人生の中で子どもを持つのか持たないのか、持つなら時期はいつごろか、ということも考えておくべきです。

男性は子どもができても、ライフスタイルが大きく変わることはあまりありませんが、女性はそうはいきません。**女性が出産や子育てをしながら仕事を続けること自体は、昔ほど難しくはありませんが、やはりライフスタイルに制約が生まれることが多い**ので、そこは考慮しておく必要があります。

## 家を買うメリットは金利の安さ、デメリットは生き方の自由度が減ること

また、家をどうするかということも、意外に重要な問題です。持ち家にするか、賃貸物件に住み続けるか。持ち家にするならいつ買うかを考えます。

かつては持ち家志向が主流でしたが、今は以前と比べて家を買うことのデメリットも多くなっています。

景気がよく、不動産価格が全般的に上昇傾向にあった時代には、家を買って売却するにしても、おおむね買ったときよりも高い値段で売れました。不動産はあまり損をすることのない、確実性の高い資産だったのです。

ところが今は、値下がりするリスクが大きく、さらに突然リストラされて家を売ろうにも、借金しか残らないといったことが往々にして起こり得ます。

また、住宅ローンを背負ってしまうと、転職したくてもできなくなるとか、医学部に入り直したくてもあきらめざるを得なくなるなど、それによって生き方の自由度が減るとい

## 結婚も住まいも成り行き任せにしないこと

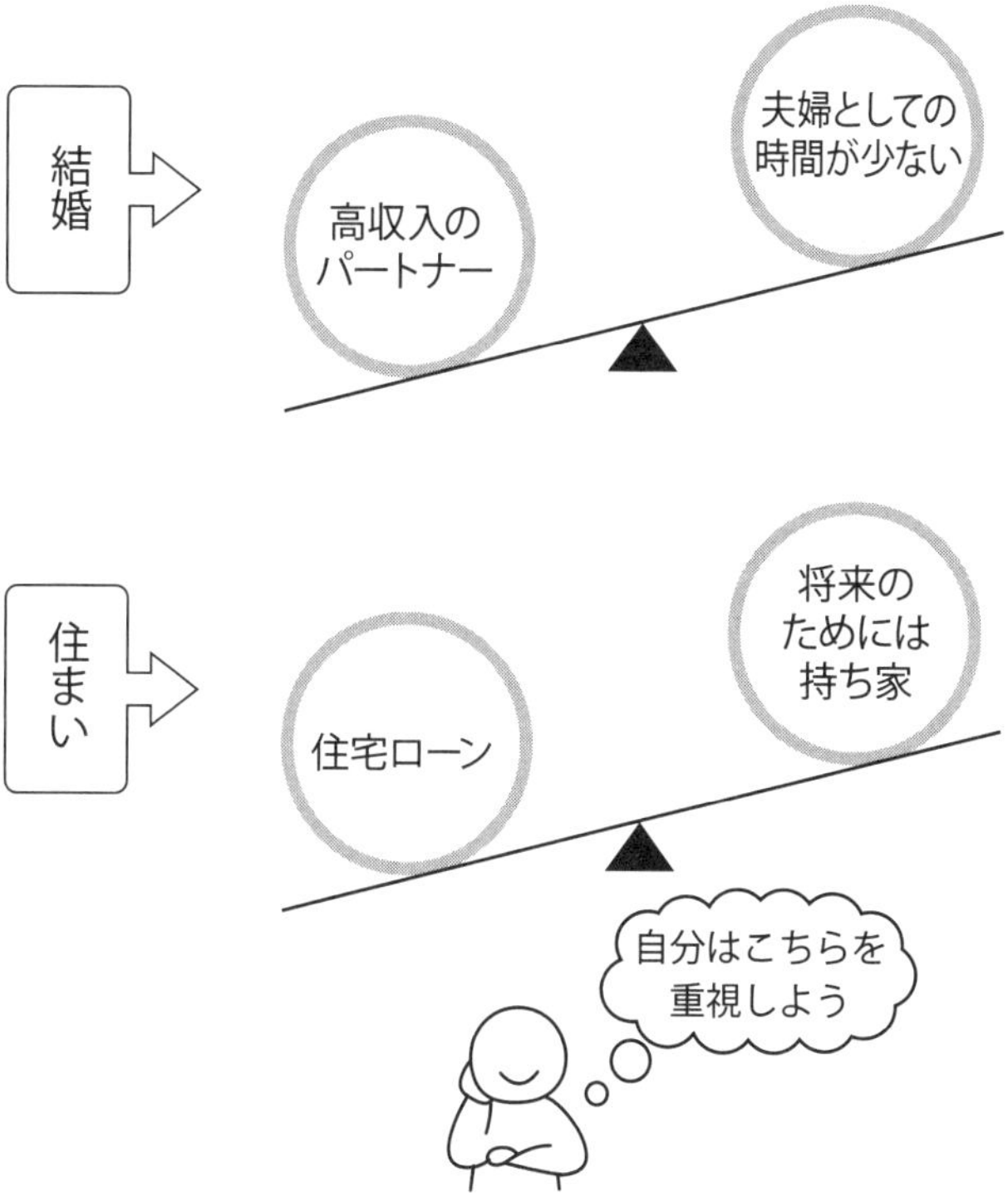


**結婚も住まい選びも「計算」が大切**

うリスクもあります。家を持つことは、家庭を持つことと同等程度の制約を生むといっていいでしょう。

その一方で、今家を買うメリットがあるとすれば、それは異常なほど金利が低いということです。

たとえば昔なら35年ローンだったものが、今なら15年程度で済むということもあり得ます。若いうちに家を購入して、ローンの大半を独身のうちに返し終えてしまうことも不可能ではありません。

**自分のライフプランの中で、住宅ローンというかせをつくりたくないと考えるか、それとも手に入れやすいうちに購入しておくか。その点も考えておく**必要があります。

## 08 「人生80年」を見据えてライフプランを立てる

### 定年後にどうやって食べていくか

日本の平均寿命は伸び続けており、今は「人生80年」の時代です。20代のうちにライフプランを立て、30代や40代になってからキャリアチェンジをしても遅くはないといえる根拠の一つが、この長寿命です。

20代半ばで医学部に入り直したとしても、医師になれるのは30代半ばです。その年齢で再スタートするのは、一見遅いように思えるかもしれません。確かに人生50年だった時代なら、35歳で医師になれたとしても先が短すぎたでしょう。

でも、今はそこからまだ人生が半分以上残っているのです。現在の法律が変わらない限り、医師には定年がありませんから、40年、50年と仕事を続けることも不可能ではありません。実際に、私が最も影響を受けた精神科医である土居健郎先生は、80代後半になっても現役で活躍しておられました。

このような観点で探すと、実は「おいしい話」もあります。

たとえば、司法試験を受けていなくても、裁判所書記官として一定年数以上働くと簡易裁判所判事に任命される、つまり裁判官になれる場合があったり、税務署に23年勤めると、実質無試験で税理士の資格が取得できたりするなど、あまり知られていない「抜け道」がいくつか存在しています。

**70代、80代になっても仕事を続けられる資格を持っているのは、大きな強み**です。23年税務署に勤めて、45歳で税理士になれたとしても遅いと感じるかもしれませんが、税理士の資格があれば、同年代の人が定年で職を失う60代以降になっても、開業して仕事を続けることができます。そう考えれば確かに「おいしい話」といえます。

高齢化が進むこの時代においては、多くの人が定年を迎えて仕事を離れる60代以降をどう過ごすかが重要になります。定年後の長い時間をただ退屈しながら過ごすか、それともその時間を充実したものにするかは、人生全体のクオリティーにかかわります。

定年後起業もあり得るでしょうし、あるいは趣味に打ち込むという選択肢もあるでしょう。しかしそういうことができるのも、それまでの準備があればこそです。

**今は、人生80年を前提にしてライフプランを立てる必要があります。**定年後どうやって過ごすかということも、20代のうちに考えておくほうが絶対にいいのです。

## 貯金よりも、老後の充実のための準備をする

「老後に備える」というと、多くの人はその意味を貯金することととらえます。

老後が心配だからと、若いうちから遊びにもお金をかけず、欲しいものも買わずに毎月1万円や2万円という金額をせっせと貯金している人がよくいます。

しかしおそらく、この程度の貯金は、現実にはほとんど何の助けにもならないはずです。

私は、20代のうちから、ちまちまと貯金する必要はまったくないと考えています。結婚資金やキャリアチェンジのための勉強代をためるなら別ですが、将来の貨幣価値がどうなるかもわからない状況で老後のためにお金をためるのは、あまり意味がないでしょう。

それよりも、**いかに20代より30代、30代より40代に「稼げる人間」になるか、いかに充実した人生を送れるようにするかを考えるほうが重要**だと思います。

不安のない老後を迎えたいのなら、今から準備して60代になっても稼げる手段を得ておくとか、60代になっても楽しめる趣味を持つことを考えるほうが現実的です。

70代、80代でどう生きるかということも含めて、20代でのライフプランがしっかりしているかどうかが今後の人生に効いてきます。

自分は一生どうやって食べていくのか、どうやって生きていくのかを真剣に考えるうえで、20代は非常に重要な時期です。

厳しい言い方をしますが、20代でライフプランを考えていない人は、70代、80代になったとき野垂れ死にを覚悟しなければならない時代が来ていると思います。

## 不安のない老後を迎えるには？

× 20代から貯金

○ 定年後にも活用できる
スキルを身につける

○ 60代になっても楽しめる趣味を持つ

↓

**定年後にも仕事を続けられる資格は、
とくに大きな強みになる**

第2章

# 仕事では、今いる場所で最高の結果を出す

# 01 まずは、今いる場所で「デキる人」になる

## 納得いかない職場でも、高評価を得るのに越したことはない

まずいえるのは、どんな職場で働くにせよ、そこでベストを尽くしておくに越したことはない、ということです。転職や起業を視野に入れ、今いる職場に長くいるつもりはないとしても、そこで得る評価は、高ければ高いほどいいのです。

**人生で手にする選択肢は多ければ多いほどいい**からです。いずれは辞めるつもりで入った会社でも、そこでよい成績が上げられれば、そのまま会社に残ってそこで出世していく選択肢も持てます。

どんな職場にいたとしても、そこで出来のいいほうの人間にならない限りは、社会的信用は得られません。「どうせこの会社は辞めて起業するんだから、今ここにいる自分は仮の姿。だから適当にやっておけばいいや」などと思って仕事をしていたら、あなたのために出資しようといってくれる人など絶対に現れません。

転職する場合も同じです。今の職場で高い能力を示している人材であってこそ、「買い手」がつくのです。会社が嫌でたまらないから、逃げるために転職しようとするのであっても、まずはそこで我慢して、ある程度の実績を出し、自分はこれくらいの能力があるということを示せるようにしておかなければ、逃げるのもままならないでしょう。

ましてや、その会社にずっと勤め続けようと思うのなら、そこで「出来のいい人間」になるほうがいいのは、いうまでもないことです。

配属された部署が合わないなどの不満があって、異動を希望するにしても、今の部署でどれだけ一生懸命働いているかによって、希望の通りやすさも変わってくるはずです。

とにかく数年間はこの会社で稼ぐだけ稼いで、医学部を受験し直すための資金をつくるなど、完全にお金をためる手段として働いている場合でさえ、例外ではありません。

その場合でも、評価を高めて昇給するに越したことはないし、低い評価で閑職に追いやられるより、残業代をたくさん稼げる仕事をさせてもらえるほうが効率的です。**今与えられた環境で、最高の結果を残せるように頑張っておいて損なことはない**のです。

## 20代は「一生懸命」が一番、評価される

「一生懸命に働いて損はない」ということについては、**一生懸命に働いている人でないと、社会の仕組みが見えてこない**という副次的な要因もあります。

手を抜いて得をすることは案外少ないものです。手を抜いている限り、業界の仕組みや、どういう人間関係で組織が動いているのかといったことは、なかなか見えてきません。

ライフプランを決めると、そのライフプランに関係なさそうなものは、あまり重要でないように思えてきます。いずれ辞めると決めた会社なら、そこでは手を抜いて働いてもかまわないと考えてしまいがちですが、実はそうではないのです。

たとえば税理士の資格取得を目指していれば、働きながら夜間に学校に通うために残業を断るなど、評価を下げることをする必要も出てきます。税理士になることがライフプランなら、最重要なのは試験に合格することですから、ある程度はやむを得ません。

しかし、たとえそうでも、定時までの仕事も手を抜かないことです。むしろ、残業ができないのであれば、定時までの仕事は、なおのこと熱心に取り組む必要があります。昼間の仕事をいい加減にこなして、そのうえ残業も断っていた日には、いつリストラの対象にされてもおかしくありません。

さらに、税理士試験などは相当の難関で、10年かけて受験し続けても合格できない人などはざらにいます。資格試験は向き不向きもありますから、頑張って勉強していても、結果として合格に至らない可能性もあります。

万一、資格試験に落ち続けた場合に「戻れる場」を確保しておくという意味でも、できる限り今いる職場で一生懸命働くほうがいいのです。

**仕事は「一生懸命」が基本です。**単純に、人が何かにひたむきに取り組む姿は、見ていてすがすがしいものです。上司も人間ですから、やはり一生懸命やっている部下には目をかけたくなります。

仕事では往々にして「一生懸命やっている」こと自体が評価につながります。そこが試験の成績結果がすべてである受験勉強とは違うところです。

仕事の場合は、契約の受注数などわかりやすい評価基準のある営業職などを除けば、すぐに結果が目に見える形で現れることは少ないものです。

とくに**20代のうちは、まだ仕事を覚える修業の期間と見なしてもらえることもあり、一生懸命に仕事に取り組んでいるプロセスも評価の対象になることが多い**のです。それを利用しない手はありません。

「受験も仕事も要領」といわれますが、まずはシンプルに一生懸命働くことを考えるべきです。ひたすら一生懸命働いていると、そのうちに「どうもサービス残業が多すぎて、会社に搾取されているようだ」などと、気づかされることがあるかもしれません。仕事の要領については、そのような気づきがあった時点で初めて考えるべきことです。

02

# 仕事の「やり方」を工夫し、成功に必要なものを見定める

## 20代で成果を上げる決め手は、向き不向きより、方法論があるかないか

次に重要なのが、仕事の能力をいかに高めていくかということです。

前述のとおり、働き始めて間もないうちは、ただ一生懸命にやっていれば、それだけで評価してもらえます。しかし、そのまま仕事の能力が上がらなければ、しだいに「一生懸命にやっているわりに出来の悪い人」と見なされるようになってしまいます。

それでも一生懸命にやってさえいれば、少なくともリストラ候補にはならずに済むかもしれませんが、高い評価を得るのは難しくなっていきます。

だいたい入社2、3年目くらいになると、会社のほうも、評価の対象をやる気から能力にシフトして、「この社員はできる奴か、できない奴か」を見極めるようになります。

「できる奴」になるために重要なのは、仕事の「やり方」です。どんな仕事にも、多くの場合、うまくやるためのノウハウが存在します。それを見つけて会得することが必要です。**能力を高めるには、そのための「やり方」があるはずだと考え、それを見つける努力をすることが大切**なのです。

具体的には、社内で成績のいい人がいれば、その人の仕事のやり方をまねしてみたり、ビジネス書を読んで「こういうふうに営業すればうまくいくんじゃないか」という方法を実践してみたりすることです。

仕事がうまくできないと、多くの人は、それは仕事そのものが自分に向いていないからだとか、自分の能力が決定的に不足しているせいだと考えがちです。

特に、学歴が高かったり、自分の能力に自信を持っていたりする人は、仕事がうまくいかないと「自分ほどの人間にもできないということは、この仕事は自分には合っていないんだ」と結論づけてしまうことがよくあります。

逆に、自信のない人は「やっぱり自分の能力では、この会社の仕事は無理なんだ」と、勝手に納得してあきらめてしまいます。

しかし、ここで強調したいのは、**成績を上げるには、向き不向きよりも方法論のほうが大事**だということです。適切なやり方なら成功することでも、やり方が違えばうまくいかないこともあるし、ちょっとした業界常識を知っているか否かで差がつくこともあります。

今はよほど余裕のある会社や、研修制度がしっかりしている会社でない限り、営業のアポイントの取り方や挨拶の仕方といったことまで、手取り足取り教えてくれるところは少ないはずです。だからこそ、出来のいい人からノウハウを盗むとか、さらにいえば直接教えを請うことが重要になってくるのです。

営業に出てもうまくいかず、「自分は向いていない」と見切りをつけるのは簡単です。でもその前に、先輩に教えてもらったやり方を試したり、セールスの技術に関する本を読んで、アポイントの取り方や商品説明の仕方を変えてみてからでも遅くはありません。

もしそれでうまくいけば、自分自身がセールスに向いていなかったわけではなく、単にやり方が悪かっただけだということに気づくでしょう。

重要なのは、方法論を探すことです。先輩から教わる場合もあるし、本を読んでヒントを手に入れることもあるでしょう。しかしいずれにしても、探そうと意識していなければ、見つかるものではありません。

20代のうちは、まだ見習いとして先輩の下で仕事をすることも多いはずです。先輩と一緒に営業先を回る場合でも、漫然とついていくだけでは意味がありません。細かいことまで注意して観察し、効率的な方法論を探し出すことに努めましょう。

## 教えられたことを、必ず、実践する。そういう部下は、かわいがられる

仕事はチームワークが重要になることが多く、上司や同僚などとの人間関係の良し悪しが業績や評価に直結するという側面があります。

好成績を上げるために必要なのは個人の勉強で、人間関係が成果にダイレクトに影響を

及ぼすことは少なかった学生時代とは、この点も異なります。

**仕事で成功するには、どのように人間関係を築いていくかも重要**になるのです。

若いうちだからこそできる方法もあります。中でも、**20代ならできるのに意外にもやっている人が少ないと感じるのは、「素直に甘える、教えを請う」こと**です。

いちいち上司や先輩に「教えてください」「どうしたらいいんでしょうか」「相談に乗ってください」などというと、うっとうしがられそうだと思うかもしれません。しかしおそらく、上司たちの8割、9割は、あなたのそうした質問や相談をウザいとは思わず、むしろあなたのことを、仕事熱心でかわいげのある部下だと思うはずです。

わからないこと、知りたいことは、素直に上司や先輩に質問して、教えてもらうようにしてみてください。その際は、なるべく目をらんらんと輝かせて「そうなんですか」と熱心に聞くようにします。

これだけでも、だいたいはかわいい部下だとか、見どころのある新人だと思われますが、さらにその次の段階があります。

本当に引き立ててやりたい部下だと上司に思われたいのなら、**教えられたこと、いわれたことをきちんと実践する**ことです。

いくら目を輝かせて「そうなんですか」「こうすればいいんですね」「やっぱり○○さんのいうことは参考になります」などといいながら上司や先輩の話を聞いても、それを実際にやらなければ、「こいつにはいくら教えても無駄だ」「熱心に聞いていたのは単なるポーズか」と思われてしまい、かえって評価を下げることになります。

たとえば先輩と一緒に営業に行く機会があれば、その先輩から教えられたとおりのやり方で挨拶したり、商品説明をするようにします。

「そこまで俺がいったとおりにしなくてもいいんだぞ」などといわれることはあるかもしれませんが、先輩としては、そういいながらも決して気分は悪くないはずです。先輩には気に入られるし、教えられたとおりのやり方が功を奏して、実際に営業成績を伸ばすことができれば、一石二鳥です。

## 強い自己主張は評価が確立するまで控える

上司や先輩に対して、ものおじせずはっきりものをいうほうが、気骨があるとか、やる気があるというアピールになるという意見もあります。確かにその可能性もなくはないでしょうが、素直にいうことを聞くことに比べたら、リスクは相当大きいと思います。

日本の企業では、何の実績もないうちから、こざかしいことばかりいっていたら反感を買い、誰も仕事を教えてくれなくなったり、協力してもらえなくなったりすることにもなりかねません。**最初からいきなり自己主張したほうがいいとか、新人でも間違っていると感じたことには堂々と反論したほうがいいという考えは、多くの場合、裏目に出ます。**

最初に素直な態度を取って、かわいがってくれる上司や先輩がいる環境をつくっておくか、仕事ができるという評価を確立しておいたうえで、自己主張をすれば、好意的にとらえられる可能性が高いでしょう。この順番を、絶対に間違えてはいけません。

自分がやりたい企画を提案するときでも、目をかけてくれる上司や、応援してくれる先輩がいれば「まあ、確かに生意気だけど、一度くらいはやらせてみるか」という流れになって、企画が通りやすくなるということもあるでしょう。

もちろん、ずっとイエスマンである必要もありません。ひとくちに20代といっても、大学を卒業してまもない20代初めから、そろそろ管理職も見えてくる30歳近くまでのロングスパンですから、20代前半と後半では当然、身の処し方も変えていく必要があります。

30歳近くまでずっとイエスマンや腰巾着のままでいても、昔ならその忠誠心だけで係長から課長、部長くらいまでは順当に引き上げてもらえるということはあったかもしれません。でも今は、いつまでも上司の言いなりでいると、最後まで部下として使われるだけで終わってしまうリスクがあります。

**ある時期まではとにかく真剣に、一生懸命に取り組む。そして上にいる人間のいうことを聞き、上から習う。さらに習ったことを実践するという過程を経て、有能な人間としての評価を積み上げていき、その評価が確立してから自己主張する。**

こうしたステップを踏んで成功していくことを考える必要があると思います。

03

# 何をすれば評価されるのかを見抜く

## 会社や部署によって何が評価されるかが、変わる

もう一つ重要なポイントは、仕事の評価の基準や成功の基準を見定めることです。

営業職なら、売上や、何件契約が取れたかといった客観的な数字で評価が決まります。そのように目に見える明確な評価基準がある職種であればいいのですが、それ以外の職種では、何が評価の基準になるのかを見極め、目標を明確にする必要があります。

今自分がいる職場で高い評価を得ようと思うなら、そこでは何が評価の対象になるのかをまず把握しなければなりません。

残業をいとわない人が評価される会社もあれば、大きな権限を持った上司に気に入られるかどうかが出世に影響する会社もあるかもしれません。そんなことは無視して、純粋に実力だけで成功しようと考えるのは自由ですが、少なくともそういう評価の基準があることを知っておくことは、意味のあることだと思います。

たとえば出版社の場合、基本的に評価される基準は、売れる本を出したかどうかということです。ベストセラーを出した編集者はたいてい出世します。

さらに、売れる本を出した編集者の中でも、ベテランの著者と信頼関係を築いている編集者のほうがより評価が高いとか、逆にまったく無名の著者を発掘して、ゼロから育てた人のほうが出世する傾向があるとか、あるいは編集ではなく営業畑から出世する人が多いなどというふうに、会社によって特有のポイントが存在することがあります。

こういうことは、それなりの観察力を働かせなければ見えてきません。**今いる会社で成功するには、その会社の文化がどういうものかを見抜く**ことが必然的に重要になります。

今の職場でずっと働き続けるつもりであればもちろんのことですが、転職や起業を考える場合でも、社内でどういうネットワークを大切にしておくと成功に結びつきそうかといったことを見極めておくことが大切なのです。

## 年収を上げていくために、まず、収入予測を立てる

今後の人生で、自分の年収を上げていくにはどうしたらいいかということも、考えておきたいところです。

そのためには、**ある程度の収入予測を立てる**必要があると思います。今の仕事を続けていく場合と、転職して別の会社に移ったり、別の職種にキャリアチェンジ、あるいは起業したりした場合など、想定し得るケースそれぞれについて、どれくらいの収入が得られそうかという計算をしておくのです。

そこで大切なのは、最低でこれくらい、最高ならこれくらいというふうに、それぞれのケースについて、収入の幅を想定することです。

こういう計算をせず、なんとなく転職すれば年収が上がりそうだというぼんやりした予

測しかしなかったり、一番うまくいった場合しか想定せずに転職したりすると、結果として痛い目にあうことがあります。

収入の幅を想定すれば、より確実な判断ができます。今の会社に勤め続けると、最低でもこれくらいの年収は確保できるということが読めれば、転職するよりも今の仕事を続けながら週末起業するとか、何らかの副業を見つけるほうが、そこそこの転職をした場合より総合的に見て年収はだいぶ上回りそうだ、などということが考えられます。

しかし「自分の会社では、これくらいの年齢でこのポジションになると年収はいくら」ということは、会社の中にいてもはっきりわかりにくいかもしれません。

よくビジネス雑誌で「企業の年収一覧」のような特集が組まれることがありますが、それを自分の会社の年収を知るために読む人も、少なからずいるのだそうです。「この会社は、○歳まで残っているとこんなに年収がよくなるんだな」「40代の部長で○百万円しかもらえないのか」などと、自社の年収を、信憑性も定かでない雑誌の記事で確認しているのだと聞いて、少し驚いた記憶があります。

## 仕事で成功する秘訣とは？

### ポイント1 人間関係を良好に保つ

- 先輩、上司に相談する
- いわれたことを実践する

売上を伸ばすにはどうすればいいんでしょうか？

### ポイント2 仕事の評価基準を把握する

- 会社の文化を知る
- 年収のリサーチをする

うちの会社は課長クラスで年収は 500万円か…

年収の情報が不透明ならば、社内の人にそれとなく聞くなどして、リサーチするしかないかもしれません。聞いても教えてもらえない可能性もありますが、少なくともそういうことを聞いても、20代のうちならあまりカドが立たないでしょう。

また、副収入として、投資を考え始める人もいるかもしれません。しかし、投資というものはやはり、にわか勉強では儲けられないようにできています。

20代で投資をするなら、動かすのは少額にして、勉強のために投資すると考えるほうが賢明だと思います。20代のうちにこうして勉強しておくと、30代に入るころには、多少まとまった金額の副収入を得られるようになっている可能性もあります。

04

# 成功する起業のために必要なこと

## 既存のビジネスモデルをまねる

まず押さえておきたいのは、起業するからといって、それまで働いていた会社との関係はどうでもいいというわけではない、ということです。

成功しやすい起業は何かを考えたとき、**最も手堅いのは、かつて勤めていた会社が、自分の起こしたビジネスの顧客になってくれるパターン**です。

ですから、まず起業を考えたときは、それまで働いていた会社がらみの人間を敵に回さず、むしろ味方になってもらえるような関係を築いておくのが賢明です。食いはぐれないように、けんか別れのような形で独立するのはなるべく避けたほうがいいでしょう。

また、**起業に向けて、意図的にそのためのステップとなる仕事をしていきながら、目標に近づいていくパターン**もあります。

ワタミを創業した渡邉美樹氏は、早い時期から外食産業での起業を志していました。そして、大学卒業後に会社員を経て佐川急便のセールスドライバーの仕事に就きます。過酷であると同時に給料も破格といわれていたその仕事は、起業資金を稼ぐには最適だったからです。

まとまった資金ができた後、すぐ起業したかといえばそうではなく、次に彼は居酒屋チェーン、つぼ八のフランチャイズ店オーナーになります。そこでつぼ八のビジネスモデルを吸収し、メニューや店舗形態に改良を加える形で、いよいよ独自の店を出すのです。

まず資金を稼ぐにはどうすればいいかと考えて、一番効率のいい佐川のセールスドライバーの仕事を選び、さらに居酒屋チェーンの中でも人気の高かったつぼ八を選んで、その経営ノウハウを学ぶ、というステップを一つずつ踏んでいったわけです。

もし彼が、飲食業界のことを何も知らないまま、いきなり居酒屋を開業していたら、成功したかどうかはわかりません。

メニューの内容からチェーン展開の手法に至るまで、言葉は悪いですが、つぼ八のシステムを「盗んだ」部分はいくつもあったと思います。そのうえで、より安くておいしいメニューを開発するとか、もっと女性でも入りやすい店舗にするといった独自の工夫をしたのです。既存のビジネスモデルを取り込み、さらにその改良版をつくったわけで、そうすれば既存のものよりも「売れる」ものになる可能性は高くなります。

このように、**ほかから習ってまねるやり方は実はビジネスの成功パターンの一つ**です。

既存のものをまねて新しいものをつくるには、それをベースに改良を加えるというやり方もあれば、既存のアイデアを別の業態に取り入れる方法もあります。たとえば、１００円ショップをまねる場合、「ダイソーの改良版」を開業する方法もあれば、ショップ99のように「コンビニ形態の安売りショップを開く」発想もあり得るわけです。

まねをして成功した例としては、大手スーパーのイトーヨーカドーも有名です。イトーヨーカドーが参考にしたのは、同業大手のダイエーのビジネスモデルです。

ダイエーは、新規店舗を出店する際に隣接する土地も同時に購入する手法で成長しました。ダイエーの新店舗がオープンすると、大きな商業施設がある利便性で周辺の地価が上昇します。そこで値上がりした隣接地を売り、その利益でさらに新しい店を出したのです。

イトーヨーカドーはそれをヒントに、より大胆な手法を取りました。それは、ダイエーの新店舗がオープンしたら、その近くにより大きな店を出すというものです。ダイエーの出店で人が増えた地域に、もっと大きなスーパーができれば、大きいほうに人は集まります。効率よく集客できるこの手法で、イトーヨーカドーは業績を伸ばしていきました。

このやり方では、広い店舗用地を確保する必要がありますが、土地購入はコストがかかりすぎるため、土地を借りる方法をとりました。バブルが崩壊すると、土地の転売を核としていたダイエーのビジネスモデルは行き詰まり、両者の明暗は分かれます。

家電量販店のヤマダ電機も、同業他店の近くにさらに大きな店を出すという、ほぼ同じビジネスモデルで成功した会社です。

**ただ単にまねをするというより、成功したビジネスモデルに対して、どうやったらそれ**

に勝てるかと考えるのは、起業における成功への一つの近道といえます。

## 海外旅行に行って、何を見て帰るか

たとえば海外旅行に行ったとき、現地で人気のファストフードにはどんなものがあるか、ちょっと見回してみる。そんなことから、起業のヒントが見つかる場合もあります。

私もアメリカ留学時代、サンドイッチチェーンのサブウェイを見て、これは日本でもはやるのではないかと考えました。サブウェイがまだ日本に入ってくる前のことです。ハンバーガーよりも野菜が豊富にとれるし、アメリカのものよりサイズを少し小さくして食べやすくすれば、日本人にも受けるだろうと思ったのです。

日本に入ってきていないファストフードは世界にはほかにもまだいろいろあります。

アメリカのシアトル発祥のスターバックスコーヒーが日本に入ってくることになったとき、スタバは日本では当たらないだろうというのが大方の予想でした。

アメリカでスタバが人気を呼んだのは、そもそもアメリカにはいわゆる喫茶店というものが少なかったからです。アメリカではそれまで、家の外でコーヒーを飲むなら、レストランで食事のついでに頼むか、ホテルのラウンジで飲むことが一般的だったのです。

しかし、喫茶店でおしゃべりする文化が根づいている日本には至るところに喫茶店がありますから、スタバが参入したところで、入り込む余地はないと思われていました。

ところがご存じのとおり、スタバは日本に上陸するやいなや人気となり、あっという間に店舗数を拡大しました。

日本の昔ながらの喫茶店といえば、古びて薄暗い店内にタバコの煙が充満しているような、なんとなくおじさんくさいイメージがありました。誰もが利用しやすい気軽なセルフサービスで、なおかつ洗練された雰囲気のスタバは新鮮だったのです。**喫茶店の数という単純なデータからは見えない需要を感知できていたからこそ、成功した**といえます。

その後、やはりシアトル発祥のタリーズコーヒーを、当時20代だった松田公太氏が日本で店舗展開するのですが、スタバとほぼ同じスタイルのタリーズが、そのまま後発で参入しても、単なる二番煎じで終わってしまいます。

そこでタリーズは、スタバが全面禁煙であることに目をつけました。店内に仕切られた喫煙スペースをつくることで差別化をはかり、シアトル風のコーヒーは飲みたいけれど、タバコが吸えないからとスタバを敬遠していた喫煙者を取り込んだのです。

こんなふうに、**ちょっとした観察や感覚、あるいは客として経験した少々悔しい思いなどが起業のアイデアにつながる**こともあります。

## 目指す業界で成功した人のパターンを知り、経営レベルまで体験する

起業するにあたっては、自分が今働いている会社や業界では、どんな形態で起業した人が成功しているかなどをリサーチしておくのもいいと思います。

出版界では、ベストセラーを出した編集者が、その著者と組んで出版社から独立するというパターンが、以前はよく見られました。

売れている著者をつかまえるというのが出版界で起業する方法の一つです。以前は人気作家の本は必ず売れたのでかなり成功率の高い方法でした。出版不況の今は、出せば絶対

に売れる著者を囲い込むのは難しくなっていますが、それでも編集者が独立して興した出版社でベストセラー作家とのつながりを活かしてうまくいっているところはあります。

著者さえ確保できれば、出版社は大がかりな設備投資も必要ないので、個人で会社を立ち上げるハードルはそれほど高くありません。

しかし、書籍の発行元になるには、毎月必ず新刊を出さなければならないなどの条件が課せられるので、そうした制約を避けるため、出版社ではなく編集プロダクションを設立し、つくった本を別の出版社から発行してもらうやり方もあります。

また、雑誌は書籍に比べて制作コストが高く、今はよほど資金力のある出版社でない限り、新雑誌の創刊には慎重です。私が知る限り、雑誌の出版社を起業したケースはほとんど失敗に終わっています。

**業界のことをよく知らない人間が、思いつきでビジネスを始めると、痛い目にあう**ことは少なからずあります。

逆に、業界内の事情にある程度通じていれば、前述のように、出版社を立ち上げたいなら売れる著者をまず確保するとか、書籍の刊行点数によっては編集プロダクションのほうが制約が少なく採算も取れるなどということも考えられます。

ですから、出版社を興したいなら出版社、広告代理業を立ち上げたいなら広告代理店、新しいタイプのラーメン店をつくりたいならラーメン店でまずは働いたほうがいいのです。その業界でまじめに働けば働くほど、その仕事の奥深いところまで知ることができます。

ただ、たとえばラーメン店で修業するなら、ラーメンをひととおりつくらせてもらえるようなレベルで満足していてはいけません。

ラーメン店で3カ月から半年くらい働けば、麺の湯切りの方法くらいまではわかるようになるかもしれませんが、スープの原料や、原価についてまではわかりません。1、2年辛抱して、店長を任されるくらいになってようやく、原価や売上の数字、仕入れルートなど、経営に関することまで触れられるようになるのです。

**起業のために業界を知ろうと思うのなら、その業界の表面だけかじっても意味がありません。**深いところが見えるようになるまで、ある程度腰を据えて修業する必要があります。

## 起業を成功させるには？

既存のビジネスモデルを手本に
アイデアを活かす
あるいは……
業界で実際に働き、リサーチする
原価がこれくらいだと
儲けはこれくらいか

# 05

# 資格取得や転職を目指すとき、気をつけたいこと

## 仕事をしながら勉強を継続するために

仕事をしながら勉強して資格を取ろうと考える場合、どんな仕事を選べばいいのか、ポイントは3つあると思います。

1つ目は、**単純になるべく勉強がしやすい仕事**です。いいかえれば、勉強に時間や体力をできるだけ振り向けられるような、なるべく暇な仕事、ほぼ定時に終わる仕事、体力的な消耗が少なくて済む仕事などです。

勤務時間中に勉強をする時間がつくれる仕事もそうです。司法試験浪人中に、ビルの警

備員や駐車場の管理人のバイトをする人はよくいます。こうした仕事は、勤務時間中でも、対応するべきことがとくにない待機時間に参考書を読んだりすることができるからです。

2つ目は、**それ自体が勉強になる仕事**です。司法試験を目指す人が法律事務所で、司法書士を目指す人が司法書士事務所で働くとか、税理士になりたい人が会社の経理部で働くなど、取りたい資格の関連職種で働くというパターンです。

ただ、一般的に司法書士や税理士などの個人事務所は資格を取るまでは賃金が安いという面があります。親元暮らしで家賃の心配がいらないなど、給料は高くなくてもいいと割り切れる状況があればいいですが、生活費の補填《ほてん》のために別にバイトもしなければならないようなことにでもなれば、勉強どころではなくなってしまいます。その点は考慮しておいたほうがいいでしょう。

3つ目は、**とにかくお金になる仕事**です。意外に気がついていない人が多いのですが、まず資金をつくるために働き、そのうえで勉強に専念するという方法もあります。

たとえば医学部を受験するなら、まず受験勉強期間に必要な学費と生活費、医学部入学の費用をためると決めて、そのために3年間働き、ためた資金を使いながらその後1～2年間受験勉強をして、合格後はバイトをしながら医学部に通うやり方です。

司法試験を目指すにしても、ロースクールは学費が高いうえ、入ってからの勉強が猛烈にハードで、バイトをしながら通うのは物理的に困難といわれます。ですから、ロースクールに入学する時点で、相当額の資金を用意しておく必要があります。

20代の強みは、死に物狂いで働いて資金をつくり、その後ゆっくり勉強する手段が、30代以上の人よりは取りやすいことです。

肉体労働など時給の高い仕事をしたり、昼間と夜でダブルワークをしたり、体力も時間も目いっぱい使って働き、勉強のための資金をつくるのも、選択肢のひとつです。

## 転職する前に、絶対してはいけないこと

人材紹介業などの転職業界では常識なのに、転職する当事者たちの多くが認識していないことがあります。それは**「転職する前に会社を辞めてはいけない」**ということです。

会社を辞めた時点で、その人の転職市場での価値は大幅に下がります。どこかの会社員という肩書があるというだけでも、転職市場における価値はまったく違うのです。

転職というのはあくまでも、仕事をしている人が、よりよい条件で働くために別の職場に移ることであって、失業者が就職することではないのです。

転職を考えているのなら、今の職場にいながらにして準備を始める必要があります。取引先や営業先など、今の仕事の関係者からの引き合いで転職が決まることはよくありますから、**転職につながりそうな人脈づくりをしておく**のもそのひとつです。

メーカー勤務だけれどテレビ業界の仕事に転職したいなど、まったく畑違いの業界への転職を希望している場合は、今の仕事での人脈を転職につなげるのは難しいかもしれません。ただ、その場合でも、メーカーで経理の仕事をしているのであれば、テレビ局や番組制作会社などの経理部門で中途採用されるなど、今の仕事のスキルを活かして、その会社にもぐり込むところまではできる可能性があります。

転職先に自分の何を売り物にできるかは、考えておいたほうがいいでしょう。

たとえば映画の配給会社には、映画好きな人はたくさんいても、海外から映画を買いつけるのに英語ができる人が足りないなどということもあります。映画業界への転職でも、映画の知識や業界での経験より、英語力のほうが売り物になることもあるのです。

**転職先で必要とされる能力を身につける**ことが重要なのです。

また、**今の職場で評価が高い人のほうが転職には絶対に有利**であることも忘れてはいけません。「会社が自分を評価してくれなくて腹が立つので、辞めたいと思っています」などという人を、転職先が欲しがるはずがありません。

転職に役立つスキルでいえば、前述のとおり、営業のスキルがあれば、営業職に限ればいつでもどこにでも転職できますが、能力が低ければ話になりません。営業職に就いているなら、まずは今の職場で営業職としてのレベルを上げていくことが必要になります。

「外資系の生命保険会社に転職すれば年収3千万円も珍しくないらしい」という話を聞けば、うらやましくなるものですが、高年俸の会社ほど能力主義で、元の会社でたいした成績を上げていない人は、そもそも採用の対象になりません。

## 転職時には対策がずさんになりがち。しっかり準備すること

資格を取りたいならそのための学校に通って勉強する、大学合格を目指すなら受験勉強をするというふうに、目的があるならそのための対策をするのが普通なのに、**転職に関しては対策をとる人が非常に少ない**と感じています。

私が以前、転職に成功するためのノウハウを指導する転職予備校を開校したときのことです。私と共同でこの予備校を立ち上げた主任講師の頑張りのおかげで、かなり質の高い、充実したカリキュラムを用意することができました。このときにたくさんの受講希望者からの問い合わせを受けて私が驚いたことはふたつありました。

まず、すでに会社を辞めてしまっている人が実に多いということです。

もうひとつは、受講にかかる期間と費用が半年で30万円と聞いた人のリアクションの大

半が「そんなに時間がかかるんですか」と「そんなにお金がかかるんですか」のどちらかだったことです。

正直なところ、このように考える時点で、転職は難しいだろうと思いました。

資格試験であれ、大学受験であれ、半年程度の勉強で合格できる試験などというものはまずありません。たいていは準備に1~2年はかかり、今は就職活動にしても、やはり1~2年かけるのは当たり前です。

場合によっては年収が百万円単位で上がるとか、今のつらい職場から抜け出せるというように、大きく人生や生活を変える可能性がある転職であるのに、なぜたった半年という時間すら費やせないと思うのでしょうか。この半年の辛抱ができないようでは、たとえ転職しても果たしてそこで何年辛抱できるのか疑問です。

費用についても同じです。転職が成功して年収が上がれば、生涯年収は大幅に増えることになります。その費用対効果を考えれば、むしろそれくらいの費用で転職できるのなら安上がりなはずです。その程度の時間もお金も使わずに転職を成功させたいと思うのは、かなり認識が甘いのではないでしょうか。

転職は人生を大きく左右します。**相応の対策や準備が必要で、それには当然時間も費用もかかるものと考えるべき**だと思います。

第3章

# キャリアチェンジのために勉強する方法

01

# 転職、起業こそ勉強が必要になる

## 対策を立てずに転職しようとすると失敗する

キャリアチェンジにもいろいろな種類があります。資格を取得して、その資格を使う仕事に就くケースもあれば、別の会社に移る転職や、自分でビジネスを立ち上げる起業という形もあります。

キャリアチェンジのための勉強というと、資格を取得する場合だけに必要なものだと思われがちですが、実は転職や起業こそ、勉強が必要なのです。

税理士などの資格試験を受けたり、医師になるために大学の医学部を受験したりするなら、当然そのための受験勉強が必要です。そういう試験はおおむね難関ですから、合格するには相当の勉強をしなければなりません。

しかし逆にいえば、**資格試験を課せられる仕事へのキャリアチェンジは、「勉強するべきこと」がはっきりしているので、いわれたとおりのことをコツコツやれるタイプの人にとっては決して難しくない**ともいえます。もちろん楽なわけではなく、努力は必要ですが、何をすべきか、悩まなくていいからです。

その点でいうと、転職や起業は、どんな対策を立てればいいか、何を勉強すればいいかということから自力で考えなくてはなりません。

にもかかわらず、転職や起業に関しては「なんとなくできるだろう」という感覚で、まったく対策を立てなかったり、勉強をしなかったりする人が多いように思います。

新卒の就職活動でも、ただやみくもにたくさんの会社を受けている人がよくいます。たくさんの会社を受けること自体を非難するつもりはありませんが、重要なのは、そのすべての会社を本気で受けているかどうかということです。

どの会社にも同じ内容のエントリーシートや、同じ志望動機を書いた履歴書を提出していたら、書類選考を通過するのも難しいでしょう。運よくその次の段階に進めたとしても、そこまでがせいぜいではないでしょうか。

その会社がどんな会社で、どんなビジョンを持っているか、そのためにどんな人材を必要としているかということを勉強していなければ、受からなくて当然です。

仮に50社受けるのなら、50社すべて本気で受けるべきです。つまり、50社それぞれに向けて、すべて違う内容のエントリーシートや志望理由書を用意する必要があるのです。

転職の場合ももちろん同じです。転職では何十社も同時に受けることはないにしても、**行きたいと思う会社について徹底的に研究したり、どのようなツテがあれば転職しやすいのかを調べたり、傾向と対策をしっかり立てておくことは、当然必要**です。

## 安易にできる起業ほど、競争相手が多い

さらに難しいのが起業です。起業は業界の将来性や、採算の見通し、修業するならどこ

がいいかといったことを、綿密に考えておかなければなりません。

「ネット起業なら資金もたいして必要ない」と楽観的に考える人もいるかもしれませんが、安易にできるものほど競争相手が多いという当然の原則が存在します。

私のブログは読者数が1万5千人くらいです。この数字は少なくないほうらしいのですが、もしこの程度の閲覧者数のサイトで何かを販売するビジネスをするなら、相当に魅力のあるものでなければ売れないだろうと思います。

ブログにバナー広告を貼って、そこを経由した売上に応じて手数料を得るアフィリエイトビジネスの儲け話をよく聞きますが、これだけ膨大な数のブログが存在する中、ある程度のページビューを稼ぎ、まとまった収入につなげるのは簡単ではないはずです。

ビジネスを立ち上げるなら、安易に考えず、本気で勉強する必要があります。成功している人に習いに行くとか、同業でうまくいっている会社にまずは就職するなど、いろいろな勉強の仕方があるはずです。**何をどうやって勉強するのか、努力の方向性を決めることは難しいですが、成功するためにはそれを考えることが不可欠です。**

02

# やりたいことと稼ぐ手段をセットで手に入れる

## 開業できる職業へキャリアチェンジするなら20代

資格を取得するキャリアチェンジの中でも、最近とくに多いと感じるのは医師へのキャリアチェンジ――社会人が大学の医学部に入り直して医師になるケースです。

また、とくに女性の場合は、看護師へのキャリアチェンジも目立ってきています。私が大学院で教鞭をとっている国際医療福祉大学でも、一般の大学を卒業していったん就職してから看護師になろうと決めて入学してくる学生が増えています。

看護師は、ほぼ一生働き口に困ることなく、安定した収入が見込める「食いはぐれのない」職業です。そうした安定性も魅力ですが、社会経験のある人の場合、ただ看護師という職業に就くだけでは終わらずに、訪問看護ステーションを開業するビジョンを持ち、実現する人もいます。

医師はもちろんですが、実は看護師も「開業できる」職業なのです。

また、薬剤師にも調剤薬局を開業する道があります。

そのほかの資格では、弁護士、税理士なども開業できる職業ですが、公認会計士は、資格としてのレベルは高いものの、開業は意外に難しいといわれています。

**開業できる資格を取得するのは、準備に相応の時間がかかるため、このタイプのキャリアチェンジを狙うなら、20代が一番チャンスのある年代です。**

ここで一つお伝えしたいのは、医学部に入り直して医師になったら、その後は医学の道ひとすじでいくと考える必要はまったくないということです。

自分のこれまでの人生経験やキャリアを活かして、何か別件で起業できないか、商売ができないかと考えられるのが、別の世界での社会経験を持つ医師の有利な点です。

ロースクールに入り直して弁護士になり、開業した場合でも、元の職業の人脈を活かして顧客開拓ができるかもしれません。

**経験があるということは、大きなメリット**です。

逆にいえば、そのメリットを活かすことを考えないと、せっかくキャリアチェンジしても、ただの「年を食った医師」や「年を食った弁護士」になってしまいます。

## まず稼げる職業に就いてから、好きなことを仕事にする

私自身、医師としての仕事のかたわら、大学や大学院の教壇に立ち、さらにこうした著作活動や教育事業、映画監督と、さまざまなことをしています。

ただ、こうして私がいろいろなフィールドに首を突っ込めるのは、最悪の場合、失敗したとしても、医師という道があると思えるからです。

自分にとって根幹の仕事、つまり食べていくための仕事や家族を養うための仕事は、必然的にある程度しっかり稼げるものでなければなりません。その根幹の仕事は、人によっ

て資格職業である医師や税理士、会社員であったりします。しかし、それ以外の時間を使って週末起業や夜間に副業をする分には、必ずしもそれで稼ぐ必要がないので、自分の好きなことができるのです。

たとえばラーメンが好きなら、平日は会社員として働きながら、週末だけラーメン店を開くこともできるでしょう。設備投資をなるべく抑える工夫などは必要になるでしょうが、儲けはあまり期待せず、原価率を度外視してスープに好きなだけこだわり、自分のつくりたいラーメンを出すこともできます。あくまでも自分が好きでやることですが、運がよければ、そのラーメンが評判になって成功するかもしれません。

「好きなことを本業にして、食べていきたい」という考えも、それはそれでいいと思いますが、そう思うのなら、**その仕事でどの程度稼げて、成功率はどれくらいかという点をしっかり考えなければいけません。**

この点を考えずに安易に踏み出せば、結局その仕事では食べていけず、撤退せざるを得なくなり、ほかに何のスキルも資格もない失業者になってしまうリスクがあります。

好きな音楽をやりたいとか、好きなマンガを描いていきたいなどと考えて、女性の場合「それでうまくいかなければ結婚すればいい」と転職に踏み切る人もいるようです。

確実にそれで食べていける勝算もなく、好きなこと一本でやっていくのは、20代であれば許されるチャレンジのように思われがちですが、やはり今のご時世、相当にリスクが大きいことです。

そのチャレンジが失敗したとき、すでに30代になっていたらどうでしょうか。元の安定した仕事に戻りたいと思っても、年齢が上がった分だけ転職の条件は悪くなっています。「ダメならまた前の仕事がある」とは安易に考えるべきではないと思います。

## 稼ぐ道を確保しておけば、夢をあきらめずにいられる

逆にいえば、「食べていける道」を一つつくっておけば、ミュージシャンであろうが小説家であろうが、好きなことにチャレンジできるということです。

以前「ＯＬ女優」と名乗る人に会ったことがあります。文字どおり、会社でＯＬとして

働くかたわら、女優としての活動をしているということでした。
そのようなやり方で、果たして女優として成功できるのかは、意見が分かれるところかもしれません。しかし少なくとも、OLという「生活を支える仕事」があるからこそ、受かるかどうかわからないオーディションを受けたり、あまりお金にならない小さな役でも頑張り、チャレンジを続けられることは確かです。食べるための仕事があるから、夢を捨てずに済むのです。

夢をかなえたいなら「やめずに続ける」ことは大事です。「OL女優」をやっていて、20代のうちは芽が出なかったとしても、やめずに続けていれば40代以上になったとき、その年代の役にうまくはまって注目され、ブレイクする可能性もあります。
一方で、女優の夢を追い続けるためにOLの仕事をしていくなら、そのために耐えなければいけないこともあるはずです。単純に仕事がつまらないとか、二足のわらじをはいているために会社での風当たりが強いということもあるかもしれません。

**人生では、妥協したくないことがあるほど、妥協しなければならないことも生まれます。**

しかし、仮に仕事が苦痛だとしても、それを続けていられるのは夢があるからでしょう。仕事があるから夢を追い続けられるし、夢があるから仕事を続けられる。夢と仕事が、相互補完的に続けていく原動力になるのです。

## 時給のいい仕事をして、体力を温存する

役者や芸人の卵で、接客業などのアルバイトをしている人はよくいますが、それは雇う側にとってもメリットがあると聞きます。はっきりとした夢を持っている人のほうが、ただなんとなくアルバイトしている人よりも根性があり、きつい仕事でも黙々とこなしたり、残業もいとわないので助かるのだそうです。

そうはいっても、稼ぐ手段の仕事にあまりにも時間や体力を取られるようだと、なかなか夢の実現もおぼつかなくなってきます。

飲食店でバイトしながら芸人を目指している人が、オーディションを受けに行く時間以外は全部バイトにあてていたら、芽が出る可能性は低いはずです。練習やネタづくりをし

っかりやらない限りは、自己満足はできても芸人として成功することはできないはずで、当然そのための時間も必要になります。

その意味で、医師の仕事のメリットは、時給換算でのペイがいいので、当直や病院のバイトを掛け持ちするなどして、その気になれば効率よく時間をつくれることです。

私の知り合いに、医学部を出てから音楽家を志し、医師と指揮者の二足のわらじをはいている人がいます。

彼が実際にオーケストラの指揮をする頻度がどれくらいなのか、指揮者としてのレベルがどの程度なのかは知りませんが、本人は指揮者が本職だといいます。

彼は週2日、医師として勤務していて、それで食べていくことができるので、指揮者としての活動も続けていられるのです。実際に指揮をする機会がめったにないのなら、週2日といわずに週5日でも勤務すればいいじゃないかと思われそうですが、あえて週2日しか勤務していないのは、それ以外の時間を音楽の勉強にあてているからでしょう。

キャリアチェンジには、二つの考え方があります。一つは、**やりたいことや夢があり、その夢をあきらめずに済むように、食べていける道を確保する**という考え方です。

そう考えた結果、医師などの資格職業を選ぶ人もいれば、給料のいい別の会社への転職を考える人もいるでしょうし、あるいは安定した収入のある配偶者を見つける人もいるかもしれません。これにはいろいろな選択があってもかまわないのですが、大切なのは「**自分が目指すキャリアと、それを支える職業をセットで選ぶ**」ことです。

とくに、目指すのが芸術系の職業である場合、それだけですぐに食べられることはまずありませんから、支える職業をセットで持つことを考える必要があると思います。

もう一つは、**自分のやりたい仕事が、それ自体で食べていける可能性の高い仕事**、という形です。たとえば、医師になるのが夢で、「目指すキャリア＝食べていける仕事」なら、それが一番理想的といえます。

キャリアチェンジを考えるにあたっては、まずそのどちらの道を選ぶのかを決め、目標を設定する必要があります。

## キャリアチェンジするには？

ポイント1 目指しているキャリアを支えるほかの収入源を確保する

ポイント2 その夢自体が収入源になるキャリアを目指す

03

# 目標に向けたプランニングとリサーチを行なう

## キャリアチェンジには、時間と費用がかかることを覚悟する

どんなキャリアチェンジをするか、目標設定をしたら、次はそのためにはどんな勉強が必要で、準備期間や費用はどれくらいかかるのかを把握する必要があります。

医師へのキャリアチェンジ一つ取ってみても、それがどれほど長期計画かということを自覚していない人が多いようです。

すでに述べてきたように、医師になるには、医学部に入るための受験勉強と、6年間の医学部での勉強、その後の研修で、ざっと10年はかかります。

しかも、その6年間の医学部での授業も、そう簡単ではありません。大学側としても、国家試験に受かる見込みの低い学生は、なるべく卒業させたくないという事情がありますから、なかなか楽に進級はさせてくれません。解剖学など難しい試験も多く、覚えなければならないことも膨大にあります。

だからといって、留年すれば、私立大学の医学部なら1年オーバーするごとに数百万円、下手をすると1千万円近くもかかってしまい、どんどん予算が飛んでいきます。

さらに国家試験の対策という大変な課題があり、国家試験に合格しても2年間は研修しなければなりません。

「26歳でスタートしたら、医師になれるのは早くて36歳」と聞いただけでめげるようなら、医師へのキャリアチェンジを目指すことはおすすめできません。

弁護士へのキャリアチェンジにしても、ロースクールは国立でさえ学費が高いという問題があります。

看護師になる場合も、医師ほどではありませんが時間とお金がかかります。今は看護学部も人気が高く偏差値も上がっていますから、受験勉強に1～2年は必要と考えたほうがいいでしょう。その後で看護学部に4年間通わなければならず、学費も安くはありません。

それでも、看護師はまず食いはぐれがなく、年を重ねても働くことができます。出産や子育てで一時的に仕事を離れても復帰しやすく、その点ではむしろ医師より融通が利くのもメリットです。

また、前述のように、訪問看護ステーションを開業するなど、独自にビジネスを展開することも可能です。そのことを考えれば、勉強に時間や費用がかかっても、決して見返りは小さくないといえます。

**キャリアチェンジをするなら、そのキャリアでどんなことをしていくかという目標を設定し、その職業に就くための難易度がどれくらいなのか、時間や費用はどれくらいかかるのかという点を考える**ことです。そして**「これくらいの時間と費用をかけても、これだけの見返りが得られる」という、いわばコストパフォーマンスを計算する**必要があります。

キャリアチェンジのための勉強とは、受験勉強や学校に通っている間の勉強だけを指すのではありません。その前段階での情報収集や計算、この仕事で本当にいいのかという確認作業も含まれます。高校生が大学受験をするときはそこまで考えないものですが、大人はそこまですべきなのです。

費用についても、親に出してもらうことが期待できないのなら、自力で用意するしかありません。

ですから、ライフプランを立てるのが早いほど、そしてそのライフプランが具体的であるほど、そうした準備もある程度の余裕を持つことができ、優先順位をつけながら段階的に進められるのです。

## やりたい仕事が本当にできるかどうか、情報収集する

「今の仕事にはやりがいを感じられないから、やりがいのある仕事に転職したい」という

声はよく聞きます。

しかし、その仕事に移れば本当に「やりがいのある仕事」ができるのかということを、ちゃんとリサーチしたうえでいっているのでしょうか。

やりたい仕事があるのなら、その仕事が実際のところはどんなものなのかということは、調べる必要があると思います。


また、一般的に楽しいと思われがちな仕事ほど、給料が安い傾向があります。

「テレビ局に入ってディレクターになりたい」という人はよくいますが、基本的にテレビ局は、建設業界でいえば現場監督を出すだけで、作業は全部下請けに任せるゼネコンのようなものです。つまり、番組制作を統括するのはテレビ局ですが、現場で番組を制作するのはテレビ局の人間ではなく、制作会社です。テレビ局に入っても、直接現場にかかわらせてもらえないこともよくあります。


では、制作会社に入れば番組制作ができるからいいかといえば、多くの場合、今度は給料が安くて仕事は壮絶なまでにハード、というマイナス面があります。

## キャリアチェンジをするなら、リサーチが重要

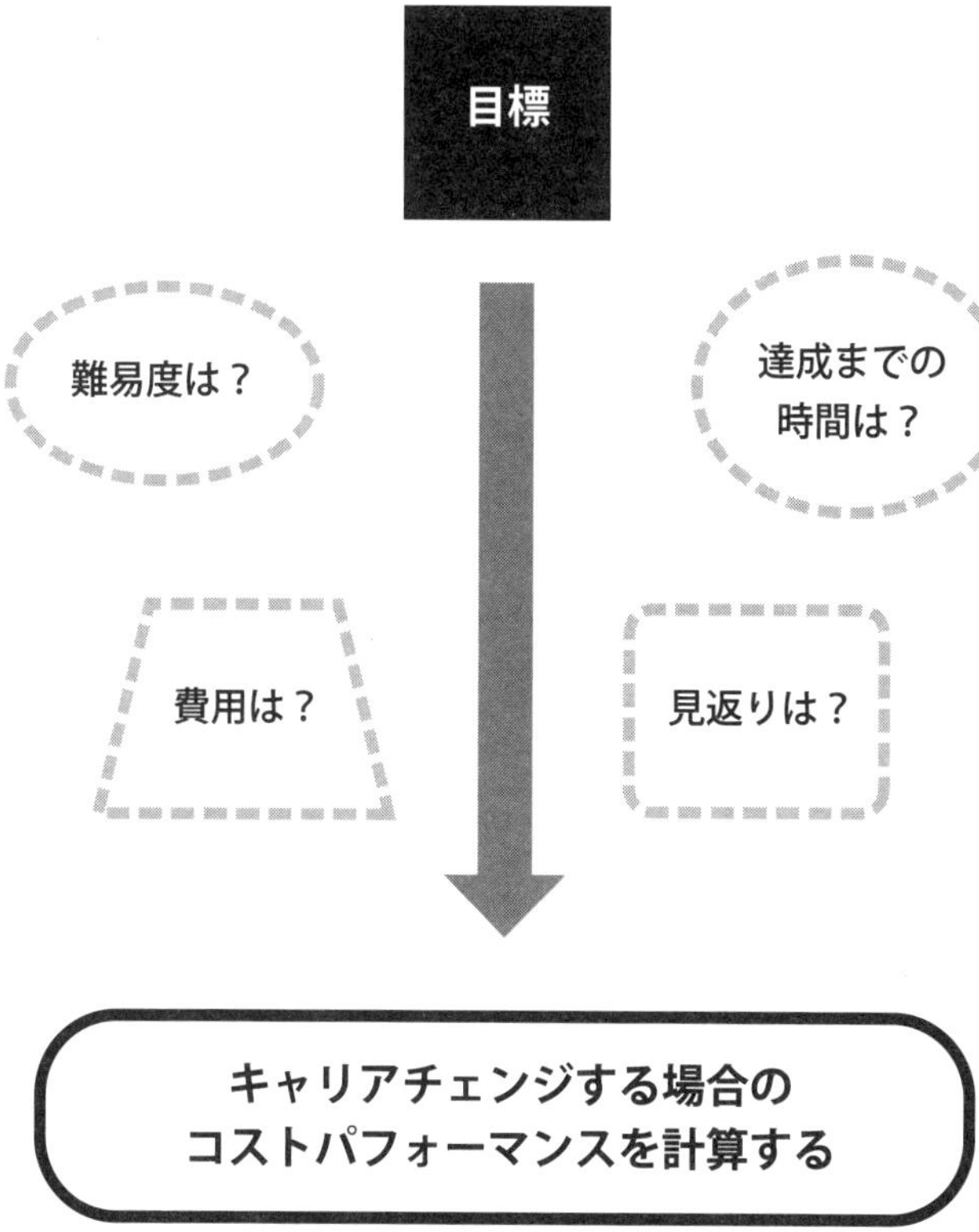
目標
難易度は？
達成までの
時間は？
費用は？
見返りは？
キャリアチェンジする場合の
コストパフォーマンスを計算する

テレビの番組制作の仕事ができるなら、どれだけ給料が安くても耐えられるのならいいですが、いずれにしてもそういう現実があることは知っておくべきでしょう。

好きなことを仕事にしていきたいけれど、その仕事は給料が低いという現実があった場合、たとえ薄給でも我慢するという方向性もあれば、前述のように食べるための副業を確保しておく方向性もあります。

**まずはしっかりとリサーチし、それに基づいて方向性をきちんと定めることが大切なのです。**

また、やりたいこととは別に、食べるための副業を持つといっても、その「食べるための仕事」をいいかげんにやっていいわけではありません。

勘違いされがちですが、たとえば医師も、診療時間中だけ医師として働いていればいいというものではなく、それ以外の時間に医学の勉強をしていなければ、医師としての仕事は成り立たないのです。

その職業でしっかりやっていくための研鑽や勉強も必要になるということも、計算に入れなければなりません。

強調したいのは、**キャリアチェンジにしても、それを含めたライフプランにしても、また日々の仕事にしても、計算して行なうのは悪いことではない**ということです。

「計算する」というと、ずるいとか、あくどいことのように思われがちですが、大人である以上、計算や打算は悪いことでは絶対にないと思います。むしろ、人生を考えるうえでは、計算ができないほうが危険といえるのではないでしょうか。

## 20代なら本来の目標のための「修業」もできる

最近は新卒よりも、即戦力を重視して経験者を採用することに積極的な企業も多いので、30歳くらいまでなら、正社員として希望の会社に就職できるチャンスは少なからずあるのではないかと思います。

たとえば大手の出版社への就職を希望している場合、新卒で入社する以外にも道はあり、まずは小規模な編集プロダクションなど、一段ハードルを下げた会社に入ってそこで仕事を覚え、その経験を武器に、出版社の中途採用を狙うルートも考えられます。

しかし、このように、**本来の目標のために、まず「修業」としての仕事を経験するアプローチは、30代以降になるとなかなかとれなくなる**でしょう。これも20代のうちだからこそできるやり方といえるかもしれません。

私も、修業というつもりではありませんでしたが、学生のうちから雑誌のライターの仕事をするようになり、結果的に、のちに著作活動を始めるきっかけにもなりました。

私にはもともと映画監督になりたいという夢があり、学生時代に自主映画制作に乗り出したのですが、結局、計画は頓挫し、後には借金が残りました。

そんなとき、以前に私が手がけた学内イベントを取材してくれた雑誌の記者から声をかけられて、借金返済のためにライターの仕事をするようになったのです。

「月刊プレイボーイ」でコラムを書く仕事を皮切りに、当時創刊されたばかりの女子大生向けファッション誌「CanCam」からも声がかかり、「ライバル校対決」という切り口で、いろいろな大学のカルチャーやイケメン・美女を紹介する連載記事も手がけるようになりました。

今から思うと、割に合わない原稿料だったと思いますが、私は転んでもただでは起きない人間です。「CanCam」の仕事で知り合った女子大生の人脈を活かして、今度は「週刊プレイボーイ」で「女子大生が好きなデートスポット」などといったテーマの記事を毎週書かせてもらいました。

原稿料と同じくらい取材経費が使えたので、飲食代に困ることはありませんでしたが、それでも借金を返すには不十分で、並行して家庭教師のバイトも週4、5回のペースで続けていました。

ライターの仕事は面白く、編集者や記者の人たちが入稿明けに飲みに連れていってくれたりする付随的な楽しみもありましたが、入稿から解放された夜中の2時、3時から編集部の人たちと飲みに行き、明け方の5時に帰宅して、9時には病院で実習、ピークのときは週に3本原稿を入稿するというハードな毎日でした。

6年生の夏になって、さすがに「このままでは国家試験に落ちる」と思い、ライターの仕事からは手を引きましたが、そのころ一緒に仕事をしていた編集者と医師になってから再会し、それが縁で最初の著作を出版することになったのです。

当時、私のように学生ライターをしていた人の中には、いとうせいこうさん、えのきどいちろうさん、神足裕司さんなど、作家やコラムニストとして今もメディアの世界で活躍している人が少なくありません。彼らも、20代での経験がその後の活動の下地になっているはずです。私も、**ライターの経験が今の医師としての仕事に直接的に結びついているわけではありませんが、その後の生き方には大きく影響している**と思います。

医師になってからは、大学病院で教授と衝突して、苦境に立たされたこともありました。でも、何があろうが、「自分はライターの仕事もできるし、教育評論という道もある。いざとなれば、何をやってでも食べていける」と思って踏ん張れたのは、学生時代の経験があったからこそです。あのときの経験が、私の生き方を自由にしてくれたと思っています。

# 第❹章

# 一生を豊かにする趣味、娯楽を見つける

## 01 楽しみがあってこそ働ける

### 楽しみもなく生きるのは、むなしい

今の20代のライフスタイルは「草食化」しているといわれます。車も買わず、海外旅行もせず、彼氏／彼女とはコンビニで買ったものを食べながら家でテレビを見る「おうちデート」。収入の多寡にかかわらず、おしなべてお金のかかる娯楽から遠ざかる傾向があるようです。

その背景には老後への不安もあると思われます。確かに、今の20代が老年になったとき、現行の年金制度が機能しているかどうかは不透明です。お金はなるべく使わずに、老後の

ために残しておいたほうがいいのではないかと心配する気持ちも理解できます。

だからといって一生趣味も持たず、たいしておいしいものも食べず、語弊があるのを承知でいえば、「家畜」のように、ただ生きるためだけに生きる生活でいいのだろうかと、もったいなさも感じます。


20代のころは、社会に出たばかりで仕事を覚えるのに必死です。そのうえ、仲間と飲みに出かけたり、恋愛する機会もそれなりにありますから、とくに趣味などがなくても毎日は充実していて、なんとなく楽しく過ごせてしまいます。

しかし、30代や40代になるにつれて、しだいに「何のために仕事をしているんだろう」と疲れを感じるようになってくるはずです。


**何の楽しみもなく、ただ働き、家には寝るために帰るだけという生活は、ある年代までは続けられても、それを過ぎるとむなしくなってくる**と思います。

家庭があれば、そのむなしさはまぎれるかもしれませんが、今は男女ともに非婚化が進んでいますから、30代、40代でも独身のままで過ごす人は、今後も増えていくでしょう。

仕事ひとすじでやってきた人でも、40代にもなれば会社での出世も先が見えてきます。そして、ふと気づいたときには家庭もなければ趣味もない。そんな状況になったら、ひとりの時間に何をして過ごすのでしょうか。

家でDVDを見たり、音楽を聴いたりして過ごすにしても、そもそも映画や音楽も趣味でなければ、鑑賞したいものすら思い浮かばないということになります。

結局、惰性でテレビを見ながらお酒でも飲むことくらいしかないとしたら、アルコール依存症になりかねないという懸念すら浮かびます。

## 「衣食住のためだけに働くのは貧困層」というアメリカ

アメリカの「貧困層の定義」について興味深いことを聞きました。アメリカでは働いていて収入があっても、それで**「食べられる」というだけでは貧困層のカテゴリーに入れられてしまう**のだそうです。

贅沢なものでなくてもいいから、年に1回、家族旅行に行けるかどうか。それが貧困層か、そうでないかを分ける基準になっているというのです。働いて、衣食住のためのお金しか得られないのであれば、貧しい人であるというわけです。

「何のために働いているのか」という問いに対して、日本では「お金のため」という答えのほかに「仕事そのものが好きだから」「仕事が生きがいだから」という答えを挙げる人も多いようです。

しかし、大多数の欧米人にとって、この問いに対する答えは明確に「お金のため」、それも「楽しむお金を稼ぐため」です。

彼らにとって、労働とは「レイバー（苦役）」であり、仕事以外のプライベートの時間を重要視します。そのため、残業はできるだけ避けようとするし、「仕事が生きがい」などという考えはクレイジーだという感覚があるようです。

日本に比べ、働くこと自体に喜びを見出そうという発想は極めて少ないといえます。そんな欧米人の理屈でいえば、年功序列や終身雇用などもってのほかということになります。

「労働者は解雇をちらつかせて脅さない限り働かない」「出来のいい人とそうでない人の給料に差をつける」「インセンティブ（やる気を起こさせる動機づけ）を行使しない限り働かない」。それが欧米の経営者の基本的な認識です。

日本人のように、仕事が生きがいだから給料が安くても黙々と働くとか、会社への忠誠心や社員間の連帯意識によって一生懸命に働くということは考えられないのです。

欧米でも、ITや金融業界の最前線でバリバリ仕事をしている人たちは、一見すると「仕事が生きがい」タイプのように見えますが、彼らは報酬には徹底してこだわり、気が遠くなるような巨額の年収をガツガツと稼ぎます。

しかし、こんな彼らでも、お金を稼ぐことを自己目的化しているわけではありません。40~50代で早々にリタイアし、バハマにでも移り住んで残りの人生を謳歌する、というのが彼らの理想であり、そのためにお金を稼いでいるのです。

欧米人は原則的に、ゆくゆく子孫に残すためなどではなく、いってみれば「遊ぶために稼いでいる」ようなところがあります。ガツガツと稼いでいる大金持ちでも、ため込むばかりの金の亡者というわけではなく、絵を買うためなら平気で何億円、何十億円という金額をポンと出したり、ワインのオークションで何百万円もするワインを落札したりします。

自分の楽しみのためには出費を惜しまないという傾向が顕著なのです。

## このために稼ぎたいと思える趣味や楽しみを持つ

**「何のために稼ぐのか」を考えるときに、重要な要素となるのは趣味や楽しみ**です。

私自身も、映画を撮りたいとか、おいしいものを食べたいということが、働くことの大きな動機づけになっています。

それなりにおいしいものを食べるには、当然ながらお金がかかります。豪華なレストランでのディナーであろうが、旅行であろうが、お金がかかるものを好きになればなるほど、その分お金を稼がなければいけなくなってきます。

日本国内ではデフレが進み、ランクの高い店での食事も、ひところよりはずっと手ごろな値段で楽しめるようになりました。それでも、ワインは少々事情が違います。

たとえばロマネコンティのような1本百万円クラスの高級ワインは、バブル期よりもむしろ価格が上がっています。こういうワインは世界中のリッチな人たちの間でつねに需要がありますから、日本やアメリカの景気が低迷すれば、次はロシアや中国という具合に、そのときどきで景気のいい国の富裕層によって価格がつり上げられ、ずっと高値で推移しているのです。

このように、日本経済の状況とは無関係に値段が決まるものは、国内がデフレになったからといって安く手に入るわけではありません。

今は物価が総じて安いのだから、それほど稼がなくてもたいていのことは楽しめると思われがちですが、やはりお金をかけなければ得られない楽しみは存在します。

ただ預金通帳の数字を増やすことに喜びを感じている人もいるかもしれませんが、「一生のうちに一度でいいからロマネコンティを飲んでみたい」というように、**お金を使うことによって得られる具体的な楽しみや喜びを味わいたいという思いが生まれたときに、お金を稼ぎたいという意識を持つ人も多い**のではないでしょうか。

普段、回転ずしで満足していれば、高級なすし店に入ろうという気にはなかなかならないはずです。「すしにそんなにお金をかけるのはもったいない」と感じるでしょうし、敷居が高くて気後れすることもあると思います。

しかし、高級なすし店に入らない限りは、おそらく一生、すしの「本当のおいしさ」を経験することはできません。

ラーメンを食べ歩いていると、しだいにスープの味だけでなく、麺のおいしさに差があることに気づくようになります。そして、麺のおいしい店はレベルが高いということがわかってくるのです。

同じように、超一流のすし店と、そうでない店の差は、実はネタの魚介類ではなく「シャリ」、つまりすし飯にあるということは、本当においしいすしを食べてみて初めてわかることです。今は回転ずしでも、ネタはそこそこいいものを用意しているところも珍しくありませんが、このことに気づくと味の差が歴然と感じられるようになります。

月に1～2回程度、おいしいすしを食べに行くとか、おいしいフレンチやパスタを食べに行くだけで、それまで知らなかった味の違いを知ることができます。それによって、食べる楽しみをより探求したいという気持ちが生まれるでしょう。

並外れたグルメでもない限り、今は前述のとおり割安に楽しめますから、月に一度の贅沢と考えれば、決して非現実的な話ではないと思います。

究極のものを味わう贅沢をしたければ、今はインターネットなどで情報はいくらでも手に入りますから、その気になれば好きなだけ体験できます。

そのためにプラスアルファで必要になるお金は稼がなければなりません。でも、その楽しみのためにこそ働こうという気にもなるし、残業する気にもなるのではないでしょうか。

**自分にとっての楽しみや趣味をずっと続けていくにはどうすればいいかを考えるようになると、それがキャリアプランを立て直すきっかけになるかもしれません。**

## 趣味がある人のほうが仕事も成功する

趣味はお金がかかるものだけとは限りません。時間をかけて楽しむものもあります。

ラーメン好きの人は、おいしいラーメン店があると聞けば、片道数時間かかるような遠い場所でも、ラーメンを食べるためだけに出かけていきます。

しかも、おいしいと評判の店なら、店に入るまでに1時間くらい並ぶのは普通です。同じグルメの趣味でも、フレンチやイタリアンならレストランは予約制ですから、待たされるという時間のロスはまずありません。そういう意味では、ラーメンはお金よりもむしろ時間のかかる趣味といえます。

しかし、そうやって時間をかけていろいろなラーメンを味わっていくうちに、ラーメンの味の奥深さなど、いろいろなことを知ることができ、それが楽しみになっていくのだと思います。コストはあまりかからない分、その気になれば年に200杯食べるような楽しみ方も可能なので、あれこれと制覇する面白さもあるのではないでしょうか。

趣味や楽しみは、意識的に見つけてでも持つほうがいいと思います。どんなものでもいいのですが、**趣味があれば、豊かに生きている実感が持てるし、働くモチベーションやキャリアチェンジのモチベーションにもなります。**

逆にいえば、楽しみがないと、なかなか大きなキャリアチェンジをしようという気にもならず、収入も低いままでいいと思ってしまうかもしれません。

「これは楽しいな」「これのためなら我慢もできる」というものがなければ、漫然と働いて、気がついたときには会社から捨てられていた、ということにもなりかねません。

「おいしいすしが食べたいから」「クラブに行って遊びたいから」など、些細な動機であっても、そのためのお金を稼ごうと思って仕事をしている人は、その分ガッツと熱心に働くようになり、忍耐力も増すので、結果的に会社から放り出されるリスクも少なくなるでしょう。

資格を取るための勉強に追われ、趣味に割ける時間がないという人もいるかもしれません。でも、そのようなときでも、月に1日程度は休みを入れないと、ストレスでかえって不調に陥ってしまいがちです。

**忙しいときこそ、あえて月に1日は、趣味でも恋人とのデートでも何でもかまわないので、好きなことを楽しむ日をつくるようにしたほうが能率はアップします。**

## 仕事へのモチベーションを高めるには？

今日も終電か…
この山からの
景色は何ものにも
代えがたい
ヤッホー
人はパンのみにて
生きるにあらず

**趣味や日々の楽しみを持つと、**
**仕事の能力も上がる**

02

# 恋愛から生まれる楽しみがある

## 「恋愛」を趣味とする

趣味はあくまでも趣味ですから、自分が楽しいと思えるものなら、基本的にはどんなものでもいいでしょう。別に上品なものでなければいけないとも思いません。他人に知られない限りにおいては、たとえ下品なものであっても私は全然かまわないと思います。

それこそ芥川賞作家の西村賢太さんのように、風俗通いが楽しみなら、それはそれでいいでしょう。彼はほとんどそれだけを楽しみに、きつい肉体労働をしながら黙々と小説を書き続け、40歳を過ぎてから芥川賞を受賞するという成功をつかんだといわれています。

もちろん、小説を書くことが好きだから書き続けていたのだと思いますが、やはり楽しみがなければ、続けるのはもっと難しかったのではないでしょうか。

自分にとって日々の活動の原動力となる楽しみがたとえ風俗であったとしても、別にとがめられる種類のものではないはずです。趣味はそもそもパーソナルなもので、あえて周囲に表明する必要もないものです。法に触れず、自分でまかなえる費用の範囲内で行なう分には、何を選んでも不都合はないでしょう。

**自分は何が楽しいと思うのかということに関して、自分で歯止めをかける必要はありません。**独身の20代で恋愛が楽しいなら、「恋愛が趣味」であってもいいと思います。

## 複数の異性との恋愛は視野を広げる

誤解を恐れずにいえば、私は複数の異性とつきあうことがそれほど悪いことだとは考えていません。

たとえば、いろいろなおいしいものを食べに連れて行ってくれたり、話題が豊富で自分にさまざまな教養を授けてくれたりする年上の男性と、会っていて楽しい同年代のイケメンのスポーツマンというふたりとデートしている女性がいるとします。彼女はそのふたりとつきあうことで、ふたとおりの楽しみ方や生き方、異性の考え方を知ることができます。世間では「ふた股」と呼ばれて、非難されることかもしれません。しかし、肉体関係を持つかどうかはともかくとしても、異性とある程度以上の親密なつきあいをすることによって、その相手からいろいろなことを教えられたり、知らなかった世界を見せてもらえたりすることはあるでしょう。

極端な例ですが、別の業界でそれぞれ働いている複数の女性とつきあい、それぞれの相手から得た情報を仕事にも役立てているという、少々ずるい男性も知っています。

異性とのつきあいはセックスだけが目的ではありません。その相手とある程度親しくつきあうからこそ知ることができる世界というものもあるはずです。

「趣味と実益を兼ねる」といっては語弊があるかもしれませんが、**楽しみながらいろいろな世界を学べるのが恋愛のメリット**だと思います。

もちろん、倫理観や価値観は人それぞれですから、複数の人とつきあうことに対する罪悪感が強くて、かえって疲れてしまうのなら、そういうつきあい方はしないほうがいいでしょう。また、ひとりの相手にのめり込んでしまい、ほかの異性が目に入らなくなるタイプの人であれば、そもそも複数の異性とつきあうことは不可能です。

しかし、ひとりの相手にのめり込み、まわりが見えなくなってしまうのは、生き方という観点からすると、あまり賢明とはいえないと私は思います。

なぜかというと、ひとつはほかの異性が目に入らなくなることで、ほかの異性や、その人を通じて触れられるはずの世界を知る機会が失われるからです。

また、それだけ特定の相手に「のぼせて」しまうと、仕事中でも絶えず相手がどうしているかが気になって、何度もメールを送ったりするようなことになりがちです。いつも相手のことばかり考えていたら仕事も手につきません。

束縛しようとすれば、相手は重たく感じて逃げ出したくなります。自分としては一途《いちず》な思いでも、それによってかえって恋愛がうまくいかなくなる可能性もあります。

それなら、むしろふた股であっても余裕のある関係のほうが、自分の将来の成長のためにはプラスになるのではないでしょうか。

**複数の人とつきあうからこそ、その中でベストな相手をパートナーに選ぶことができる**のです。ひとりの相手にのめり込み、ほかの異性はまったく目に入らないまま結婚して、後からほかの異性に目が移り、いろいろと問題が出てくるよりは、結婚前にいろいろな異性を見る機会を持っておくほうが、よほどいいのではないかと思います。

また、いろいろな異性と接することで、異性の考え方を知っておくほうが学ぶべきことも多いでしょう。自分の彼氏、あるいは彼女の考え方がすべて正しくて、それが全男性、全女性を代表する考え方であるとはいえないからです。

商品のマーケティングにしても、異性のニーズをとらえられるかどうかが大きなポイントになります。異性の気持ちがわかっているほうが仕事上でも有利なことは多いはずです。

## 1回ごとのデートを、手を抜かずに充実させる

ひとりの相手にのめり込むつきあい方はしないといっても、デートは手を抜かずに、そのたびごとにきちんと楽しんだほうがいいでしょう。

モテるからといって、セックスだけを目的に複数の異性と適当につきあっていると、デートそのものが自分にとっての楽しみになることもなければ、得るものも何もありません。

仮に3人の女性とつきあっている男性ならば、それぞれの相手に対して、できる範囲でお金も手間もかけて、あまり安っぽくならないようなデートを毎回するべきです。「お金がないから3人とも毎回おうちデート」ではダメです。

お金がないなら、ないなりに工夫して、とっておきのラーメン店に連れていってあげるとか、海までドライブして、現地で新鮮な魚を味わうなどということでもいいと思います。

**予算の範囲内で一人ひとりの相手をどう楽しませるかを考えるのはとても重要**なことです。

相手を楽しませ、自分も楽しもうと思えば、毎回どうすればいいか、自然とデートの企画を練るようになってくるはずです。

すると、高級フレンチが好きそうに見えた女性が実はそういうものは食べ飽きていて、カジュアルな店のほうを喜んでくれたなど、意外な発見をすることもあるかもしれません。

本気で相手を喜ばせようとすると、「この人が本当に好きなのは何か」を真剣に考えることになるし、そんなふうにして**いろいろなことをリサーチしたり実行したりすることが、自分の趣味や教養の世界を広げることにもつながっていく**のではないかと思います。

## 異性の視点は世界を広げてくれる

人生経験豊富なかなり年上の異性とつきあって、いろいろな世界を見せてもらったり、普段の自分の生活ではかかわれないような人に紹介してもらったりという、「かわいがってもらう」関係のつきあい方も、20代でなければなかなかできないことかもしれません。

こういう経験が、**自分の人間性を深めてくれる可能性もあるし、上質なものに触れる機会が増えれば、食や服などの趣味が洗練されて、自分自身の魅力を高めることにもつながる**のではないでしょうか。

また、レベルの高い男性とつきあった経験のある女性が、男性にとって「価値の高い女性」に映る一面があることも否定できません。

地位のある男性や、高名な男性とつきあっていた女性を「落とす」ことで、彼らと肩を並べた気になったり、ごく普通の女性なら無邪気に喜びそうな多少ランクの高い店に連れていっても動じないような女性に魅力を感じたりする心理が、上昇志向の強い男性などにはあるようです。

レベルの高い男性とつきあった経験のある女性のほうが、男性を選ぶ目も養われることは確かでしょう。お金や地位のある男性とつきあってきたことで、やはり自分はそういう男性に魅力を感じると確認できるかもしれないし、逆にお金や地位だけが幸せではないという価値観にたどりつくかもしれません。

**どのような男性を選べばいいかということも、いろいろな経験を積むことによって、自分なりの結論が出せるようになる**はずです。

こうした経験を積むことも、やはり20代のうちのほうが簡単だとはいえるでしょう。女性なら30代でも可能かもしれませんが、男性の場合、かなり年上の女性にいろいろなところに連れていってもらうつきあい方がさほど違和感なくできるのは20代のうちです。

同性でもいろいろなことを教えてくれる人はいますが、同性に対するのとは違う感情が加わる分、異性のほうが、より多彩で奥深い世界を見せてくれる可能性は高いでしょう。

近視眼的な恋愛だけではなく、「楽しみを教えてくれる存在としての異性」というとらえ方でのつきあいもあります。これには、自分よりレベルの高い人とつきあって、直接何かを教えてもらう関係だけではなく、前述のように、複数の相手と、それぞれを楽しませる方法を考えながらつきあうという関係も含まれます。

**自分の世界を広げるための恋愛や人間関係もあっていい**のです。恋愛がきっかけで趣味に出合うこともあるでしょうし、恋愛そのものが趣味であってもかまわないと思います。

一生独身で、ずっと恋愛を楽しんでいくという選択肢もあるでしょう。40代、50代でも恋愛をしている人は心身ともに若々しい人が多いですから、恋愛が自分にとっての楽しみであるのなら、とことん楽しんでもいいのではないでしょうか。

03

# 趣味が人生を豊かにする

## 趣味は「人生80年」時代の必需品

私は日々、高齢者医療の現場で、うつ病や認知症の高齢者と接していますが、「人生80年」と考えると、心身のためにも趣味を持ったほうがいいと実感しています。

囲碁でも詩吟でも、何らかの趣味があれば、認知症になっても、かなり進行するまではその趣味を続けることができます。そして、趣味を続けている人は、認知症の進み方が比較的遅い傾向があります。

一方、まったく何もせず、家に閉じこもっている人や、非社交的でデイサービスにも頑として行こうとしないような人は、どんどん認知症が進行してしまいます。

仕事はいつまで続けられるかわからないものですが、趣味はいつまででも続けられます。今は年配になっても体力のある人が多いので、80代でもゴルフを続けている人は珍しくありません。食べ歩きやおいしい料理のお取り寄せなどは年を重ねてからでも楽しめます。

かつて終身雇用の時代には、定年まで銀座などで派手に遊んでいても、退職して肩書を失い、会社のお金を使えなくなった途端におとなしくなるような人がよくいましたが、「若いときだけ楽しくて、老後はみじめ」というのは、最悪のパターンだと思います。

若いころはモテなくても、60代、70代になって社会的、経済的に成功してからモテるようになったり、年を取ってからも、多少高価でもおいしいものを味わう楽しみを持てたりするように、年を取るにつれて豊かになるほうがずっと幸せな人生です。

**趣味を持ち、それを続けられる体力や経済力を維持できるかどうかが、後半生の豊かさを決める**のではないかと思います。

## 人は好きなことには努力する

趣味を持つことの最大の効用は、趣味を続けたいと思えば、必然的にそのための努力をすることです。

お金のかかる趣味ならお金を稼ごうとするし、一生恋愛をしていたいなら、いつまでもモテるように外見に気を使ったり、会話のセンスを磨いておこうとしたりするはずです。

「モテる」ということ一つをとっても、20代ならルックスがよければモテますが、いくらルックスがいい人でも、30代、40代までモテる状態を維持しようと思ったら、多少なりともそれ以外の部分を磨いていかなければなりません。

以前、作家の渡辺淳一先生と対談でお会いしたとき、先生が70代になっても女性にモテることについて「うらやましいですね」といったら、「それだけ時間もお金もかけている」とおっしゃっていました。それは、忙しくてもまめにデートをしていたり、女性を楽しませるために教養を深める努力を続けていたり、あるいは女性の望みをかなえるためなら惜しまずお金を使っているということかもしれません。

**何かを得ようと思うなら、それに対して代償を払わなければならない**のです。

私にとっての映画製作も、趣味というには時間もお金も相当にかかるものですが、「映画なんかつくらなくてもいい」と思うようになったら、働いてお金を稼ぐ意欲もなかなかわいてこないかもしれません。

人間は不思議なもので、簡単に手に入るものにはあまり喜びを感じません。趣味や楽しみも、ハードルが高いものであるほど、達成感や満足感など、最終的に得られる喜びが大きいのだと思います。

コツコツと積み上げていく喜びが得られるものに、「趣味としての勉強」があります。

具体的には、本を読んで哲学や歴史に詳しくなるとか、何かの検定試験などにチャレンジするといったことが含まれます。

**教養を高めていくことは人生を豊かにしてくれます。**たとえば漢字能力検定一級レベルの漢字が読み書きできるようになるのはすごいことですから、達成感も大きいはずです。

## 質の高いものに触れる機会をできるだけ増やす

今の大学生や20代で、とくに趣味や楽しみを持っていない人が増えているのは、単純に新しい経験をする機会に恵まれていないせいもあるのかもしれません。

たとえば、ゴルフをしたことがなければ、当然ながらゴルフの面白さはわかりません。面白さがわからなければ、時間もお金もかかるゴルフをいきなりやってみようとは、なかなか思わないものです。

しかし、会社に入ってから、上司のつきあいでゴルフに行くはめになり、いざやってみたらすごく面白かった、ということもあるでしょう。

あるいは、会社の先輩に、少し敷居の高いすし店に連れていってもらったことで、回転ずしとは全然違うおいしさを知ってグルメに目覚めたり、会社に命じられた海外出張に行って、海外生活の面白さを知ったりすることもあるかもしれません。

こんなふうに、**大人になり、社会人になることで出合える喜びというのも、少なからずあるはず**です。

就職が売り手市場で、企業が学生をあの手この手で「接待」していたような景気のいい時代と違い、今は学生時代から羽振りよく、大人の手引きでいろいろな経験ができる機会は少なくなっているかもしれません。大学4年間で海外旅行に行ったことがない人もざらにいるでしょうし、経験知が少ないことで楽しみが持てずにいる人も多いようです。

しかし、社会人になると、仕事上で半強制的にさせられる経験が増えます。そこから楽しみに出合う可能性もあるのです。

## どうやって楽しんで生きていくのかを常に考える

自分がどのように楽しんで生きていくのか、それを考えることは大切なことです。

ものごころついたときから景気が悪く、先行きの見えない社会で将来に対する漠然とした不安を抱えている今の20代の人たちは、「楽しんで生きる」ことをなんとなく悪いことだととらえているのかもしれません。

将来に困らないで済むように、堅実に生きなければという思いが強いように感じます。

しかし、楽しんで生きること自体が悪いわけではありません。**憂うべきなのは、楽しんで生きていくための方法論や、ベースになるものを持てないこと**のはずです。

老後のために、楽しみを排除してストイックに切り詰めて生きていかなければいけないと考えるのではなく、これからの人生を楽しんで生きていくために、今どうしたらいいかを考える。「楽しんで生きる」ことから逆算して、それを可能にする経済的基盤をつくるために、今勉強して医学部に入り直すとか、今の仕事でトップになろうと考える。

これは、人生を豊かなものにするための建設的な発想だと思います。

## 老後を楽しむためには？

**定年後にどんな人生を送りたいかをまず考える**

↓

**ポイント1** **今から経済的な基盤をつくる**

**ポイント2** **趣味を持つ**

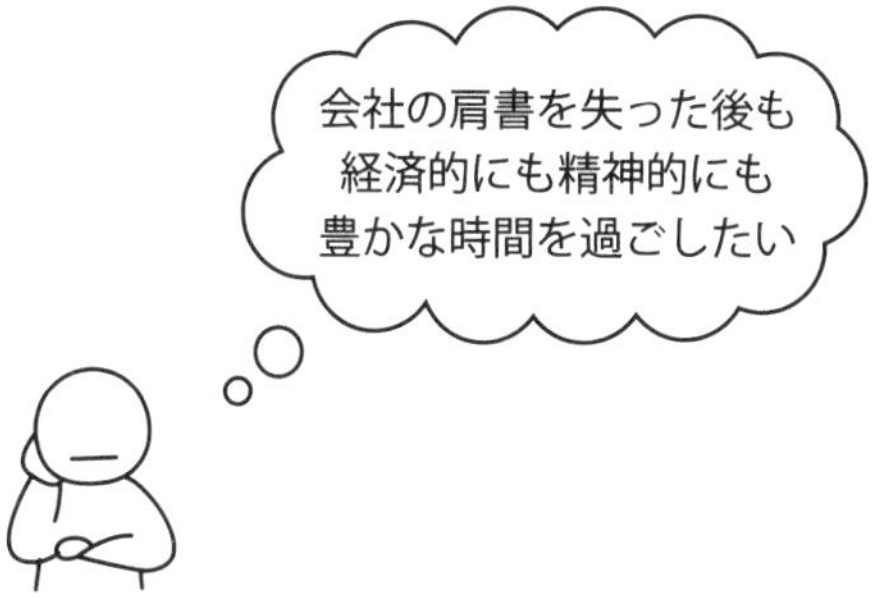
会社の肩書を失った後も
経済的にも精神的にも
豊かな時間を過ごしたい

**逆算して、必要なことを**
**20代のうちから身につけておく**

第5章

# 人との上手なかかわり方を知る

01

# 上司に好かれる部下になる

## 素直に甘える。教えを請う

一般的に、20代の人間関係の中で一番重要なのは、上司との関係といえます。第2章でお話ししたように、職場では有能な人材という評価を得ておくに越したことはありません。そのためには、上司からの評価が大きくものをいいます。

いずれ会社を辞めるつもりであったとしても、「どうせ辞めるんだから、上司に嫌われてもいい」などとは考えないことです。

上司に好かれる部下になるために私がおすすめするのは、「素直に甘える、教えを請う」

ことです。これは20代の最大の特権でもあります。

これはお世辞をいって上司に媚《こ》びたほうがいいという意味ではありません。顧客や取引先に対しては、ある程度はぺこぺこしたり、おべんちゃらをいわなければいけないこともあると思いますが、上司のご機嫌を取れば出世できるというものではありません。

**上司にとって、一番「かわいい部下」とは、お世辞のうまい部下ではなく、仕事ができる「使える」部下**です。上司は仕事を覚えようとする意欲のある部下、自分の手足となってくれて役立つ部下がかわいいのです。その原則を知っておくことです。

上司に対しては、仕事への熱意や、「仕事ができるようになりたい」という意欲を積極的に見せることです。仕事に関する質問や相談は、熱意の端的なアピールになります。

ですから、仕事に関しては、どんな悩みをぶつけようが、どんな質問をしようがOKだと思います。仕事のやり方でわからないことを尋ねたり、「なかなか売上が上がらない」

「会社に慣れるにはどうしたらいいか」などという悩みを相談したりしても、上司は決して不快には思わないはずです。

しかし、上司に転職の相談をしたり、「資格を取るための勉強をしたいので、残業はなるべく避けたい」という相談もしたりしていいかというと、そこは注意が必要です。たとえ上司に気に入られ、かわいがられているとしても、上司があなたを人間としてかわいがっているのか、部下としてかわいがっているかは別です。そこを見誤ると、痛い目を見る可能性もあります。

人間としてかわいがられているのであれば、「転職してチャンスをつかむほうが、あなたの将来のためにはなるわね」「そうか、資格を取りたいなら、おまえがなるべく残業をしなくて済むようにはからってやるよ」などと親身になってくれることもあるかもしれませんが、それは現実的にはかなり〝まれ〟なことといっていいでしょう。

上司と良好な関係が築けているように見えても、それはほとんどの場合、「上司と部下」

としてのいい関係ができているだけであって、人間としてかわいがられていると解釈するのは早計です。そこは慎重に見定めておく必要があります。

## 情報収集力は生き残りに直結する

上司と合わない、うまくいかないというのも、多くの人が直面する悩みだと思います。

そういうとき、ほかの部署の上司や、さらに上の上司に相談することができるというのも、20代の強みです。そういう相談を30代、40代になってからすると、上司に対する露骨な反目ととられかねません。

もちろん、20代であっても、あまり事を荒立てないよう、水面下で行なうに越したことはありませんが、20代のほうがやりやすいのは確かです。

別の上司に相談すると、当の上司について「確かに、あいつは昔からこういう部分では評判がよくない」「あいつは人当たりが悪いけど、実は部下のことをしっかり考えている奴だ」など、こちらが若い分、いろいろなことを教えてもらえることがあります。それによって、その上司の社内での評価や人間関係を把握することもできるでしょう。

場合によっては、自分が気づかないうちに派閥争いに巻き込まれていることもあるかもしれませんから、情報のアンテナを張っておくことは、トラブルを回避して身を守ることにもつながります。

相談を持ちかける場合と同じく、あれこれ人に聞いてもカドが立たないのは、入社まもない20代のうちだけです。年齢や地位が上がってからでは、警戒されたり、無用な憶測を招き、知りたいこともなかなかすんなりとは教えてもらえなくなるでしょう。

「若いから許される」という特権を、それが使える20代のうちにフルに活かしておくのが賢明だと思います。


**職場が中小企業の場合、情報収集力はいっそう生き残りに直結する**面があります。

会社の規模が小さければ小さいほど、経営者のキャラクターが、人事や社風に影響を与える部分が大きくなります。

中小企業の経営者といっても、ひと昔前の映画に出てくるような、従業員を家族のように思いやる人情家ばかりではなく、やり手といわれる個人企業の経営者には、自力で成功した分、かなり強い個性を持つ人も少なくありません。

一方で、典型的な「二代目のボンボン」タイプの人もいます。

ある有名な外食産業の経営者は、ビジネスセンスは抜群なのですが、その分、何事も自分のセンスだけで物事を決定するので、社員を「顔が気に入らない」という理由でいきなりクビにしたり、唐突に「おまえは面白い」と抜擢するなど、めちゃくちゃな人事をするそうです。

そんなジェットコースターのような人事も、個人経営で、経営が順調であれば、まかり通ってしまうわけです。

中小企業で働くなら、経営者のパーソナリティーや、その経営者がどんな社員を優遇し、どんな社員を嫌うのかといったことについて、上司や同僚から情報を集めることが大事になってきます。

トップに好かれるに越したことはないわけですから、情報を集めておけば、少なくとも地雷を踏まないで済むように対策が立てられます。
また、中小企業のようにトップとの距離が近く、日常的に接する機会が多い職場の場合、たとえば社長から飲みに行こうと誘われたら、まず断らないということが基本です。

## 豊臣秀吉は理想の部下

豊臣秀吉がまだ一介の下足番として織田信長に仕えていたとき、主君の草履を懐に入れて温めておき、その機転と気遣いが信長の目にとまって出世の足がかりをつかんだというエピソードは広く知られています。このエピソードがなぜこれほど語り継がれているかといえば、秀吉が「部下の鑑《かがみ》」を体現しているからです。

上司との人間関係においては、上司にとって気が利く部下、かゆいところに手が届く部下になるのに越したことはありません。

下足番というのは、武家の家臣の中でも最底辺の身分です。秀吉は、そんな下働きの仕事でも、自分なりに知恵を働かせて一生懸命に取り組んだわけです。どんなに瑣末《さまつ》で、最

## 会社での評価を上げるには？

**ポイント1** **仕事への意欲を見せて、上司にとって「かわいい部下」になる**

**ポイント2** **情報収集して、経営者や上司のパーソナリティーをつかむ**

**仕事に一生懸命に取り組む姿勢は評価に直結する**

底辺の仕事でも、ベストを尽くせば、それによってトップの目にとまる可能性もあります。

何事にもまじめに取り組むことに価値があるということや、上司に喜ばれることをするとはどういうことかなど、このエピソードは実にさまざまなことを教えてくれます。

ずっと下っ端仕事のようなものしか与えられなくても、くさらずに最高の成果を上げられるように取り組んだほうがいいのです。そして、そこでどうやって上司を喜ばせるかを、真剣に考えるべきなのです。

この秀吉のエピソードにしても、見方を変えれば、草履を温めるだけのことで信長にそこまで強く印象づけることができたのは、当時の家臣の中で、その必要性に気づいた人がほかにいなかったということでしょう。

**上司の喜ぶことを察して実行するということは、ただ上司の歓心を買うというだけではなく、能力の高さをアピールすることにもつながる**のです。

02

# 同僚とはほどほどの関係を貫く

## 同僚とはつかず離れずの関係で

ひとりでランチを食べる姿を見られたくなくて、トイレの個室で食事をすることを指す「便所飯」という言葉が話題になったように、20代を含む今の若い世代は「友達がいないことは恥ずかしい」という感覚が強い傾向があります。

その傾向からすると、会社でも「同僚との関係をよくしておかなければ」「同僚から好かれるようにしなければ」と考えている人は多いようです。

もちろん、同僚との関係はうまくいっているに越したことはないでしょうし、その中で親友と呼べる存在ができれば、互いに相談し合ったり、助け合えることもあると思います。しかし、一般論からいうと、同僚との関係がいいからといって、それが直接的に仕事上の成否に結びつくことはあまりありません。同僚に好かれるように気を配っても、それで得することは、実はそれほど多いわけではないのです。

もしあなたが社内でいじめにあったり、上司から不当ないびりを受けたりすることがあったとして、そんなときに仲のいい同僚が一致協力してあなたを救ってくれるかといえば、そんなことはまず、ありません。会社でそんな事態になった場合は、同僚に頼るよりも労働組合に訴えるほうがよほど賢明です。

学校と違い、職場ではたとえ同僚から仲間外れにされたとしても、それほどこたえるものはないはずですし、**会社の同僚は友達や仲間というよりも、基本的には競争相手**です。

だからといって、「自分は出世するんだから、こいつらとつるんでいても仕方がない」と、同僚を相手にしないというような態度をあからさまに取るのもどうかと思います。同僚と距離を置きすぎると、同期の人間が全員知っているはずの情報が自分にだけ入ってこないなどの不都合が生じることもあるかもしれません。

情報のネットワークとして、同僚と普通に話をする程度の関係は保っておくほうがいいでしょう。しかし、同僚との関係をよくしなければと過度に気を使う必要はないのです。

会社という世界の中では、同僚よりもやはり上司との関係が基本になりますし、同じ部内や課内など、小組織の中でのチームワークが重視されます。

一時は日本の企業でも人事評価にいわゆる成果主義を取り入れる動きが多く見られましたが、個人の成果が重視されるようになると、社員同士が助け合わなくなり、結果として会社の業績が落ちる弊害が出たところもあったようです。そのため、最近では露骨な成果主義は避ける方向に戻ってきています。

そのため、**個人ではなくチームでどのような成果を上げたか、チーム内で個人がどのような役割を果たしているかが、重要な評価の基準になる**と思います。

そういう意味で、同じ部内、課内での人間関係は、よくしておくに越したことはないのです。そのためにもあまり足の引っ張り合いをせず、助け合える関係を築いておくほうがいいでしょう。しかし、何度もいうように、仕事上で直接かかわりがない同僚とは、よほどの親友ではない限り、つかず離れずの適度な距離でつきあうスタンスでいいと思います。

## 出世したいなら、部下との関係は重要になる

20代ではまだ少ないかもしれませんが、意外に大事なのは部下や後輩との関係です。入社2年目以降になれば、後輩となる新入社員が入ってきますし、20代後半になると初めて部下を持つという経験をする人も出てくるでしょう。

会社というのは、下の人間に好かれ、下からの人望が厚い社員を幹部候補生にしたがる組織です。上司にかわいがられて出世するタイプの人もいますが、ある程度の規模以上の会社では、**人事や上層部は、社員の人間としての度量の大きさや能力を、部下との関係から測ることが多い**のです。ですから、まだ20代なのに部下から慕われていると、将来の幹部候補と目されるようになり、同期とも差がついてきます。

20代のうちから、「あいつは将来偉くなる」というオーラを感じさせる人がいますが、そのオーラの源になっているのは、やはり下との関係です。その意味で「親分キャラ」の人は得なのです。

面倒くさがらずに部下の話を聞いてあげたり、部下の面倒を見たり、わからないところがあれば教えたり、ということをしておくと、後になってその見返りがあることが多いはずです。

人間は誰しも年を取ります。いくら上司にかわいがられて出世したとしても、上司はどんどん定年を迎えて、自分より先に職場を去っていきます。

その点、部下は自分よりも長く会社にいる存在です。それを考えると、部下をかわいがっていたタイプの人は、のちのちそれが報われていい思いをする可能性が高いといえます。

**同僚にいかに好かれるかということよりも、後輩や部下との関係に気を使うほうが、長い目で見れば賢明**だと思います。

## 部下を守ってやれなかったとき、「すまなかった」と言えるかどうか

そうはいっても、上司と部下の板挟みになる中間管理職になったときに、上司に逆らうリスクを冒してでも部下を守ってやるべきなのかというと、そこは慎重な判断が必要になってきます。トラブルの状況や、上司の社内での立ち位置などによって、逆らっても問題ないと思える局面であれば、あえて逆らうという選択をすることも考えられます。

しかし、その上司の社内での力関係と人脈は、慎重に考慮しておいたほうがいいでしょう。その結果として、部下を守り切れなかったとしても、やむを得ないと思います。

そんなときに重要なのは、**たとえ部下を守ってやれなかったにしても、そのことについて申し訳ないという態度を、部下に対して取れるかどうかです。**

「嫌な思いをさせて申し訳ない。自分もまだ20代だから、力が及ばない部分があった。でもこれからも悩みはいくらでも聞くから」などと、部下をきちんとフォローして、部下を

## 会社での評価を上げるには？

部下の面倒を見たり、

部下の立場に立って考える

↓

**人間としての度量の大きさは、
上司からも評価の対象となる**

捨てて上司側についたという印象を与えないようにする必要があります。

**人間関係をよくする基本は、相手の気持ちを理解する「共感」です。**共感とは、相手の立場に立ち、相手がどんなことを考えているのか、何を求めているのかを考えることです。

「部下の立場で考えると、こういうふうに追い込まれたら相当不安だろうな」「上司はこういうときにどう考えるんだろう」と想像力を働かせること。それは、社内の人間関係のみならず、友人や恋人なども含めた人間関係全般において重要なことです。

また、仕事上で成果を上げるうえでも、たとえば顧客のニーズをつかむには、顧客の立場に立って考えることが必要になります。

「共感」は、仕事もプライベートも含めたすべての場面において大切なものです。その「共感」のトレーニングを、なるべく20代のうちにしておくほうがいいと思います。

03

# マネジャーとスペシャリスト、それぞれに必要なもの

## どんな会社でも通用する管理職を目指す

ここで、組織を統率するマネジャーとしての立場と、専門職、つまりスペシャリストとしての立場、それぞれに求められるものについてお話ししたいと思います。

日本の組織では、基本的にスペシャリストが40代くらいになると組織のラインに組み入れられ、管理職の仕事をさせられるパターンが多く見られます。

たとえばテレビ局なら、ディレクターやプロデューサーとして現場の仕事をしていた人がある年齢になると現場を離れ、管理職に回るということが往々にしてあります。

つまり、**マネジャーといっても、マネジメントのトレーニングをとくにしないまま、その立場に就いている人が多い**のです。

中高年になってリストラされた人が、転職するための面接で「あなたは何ができますか?」と質問されて「部長ならできます」と答えるという話が、終身雇用にあぐらをかいてきた人のスキルや危機感の乏しさを象徴するものとして一時よく話題にのぼりました。

一種の笑い話として受け止められることがほとんどですが、もし本当にマネジメントが得意で、どの業種の部長でもできるとするならば、それは「プロのマネジャー」ということですから、すごい能力のはずです。

「プロのマネジャー」といえば、社長業はその典型です。ある会社のトップだった人が、突然、まったく異業種の社長に迎え入れられることはよくあります。どんな会社を任されようと、その会社で経営手腕を発揮して、成果を上げることを求められます。

日本の病院の多くが赤字を抱え、また患者に対するサービスの質も向上しないという現状がありますが、私はその最大の理由は、いわゆる天下りの人間が院長になることにあると思っています。

大病院ほどそうなのですが、院長のポストは、高名な大学の元教授など「偉い人」に職を与えるためのものになっています。つまり、医学のスペシャリストであっても、マネジメントの能力は必ずしも高くない人が院長を務めているケースが多いのです。

欧米などでは普通、医療経営学を専門のビジネススクールで学んだ人が、そうした役職に就きます。スポーツでも、日本では選手として第一線で活躍した人が自動的に監督やコーチになるのが普通ですが、欧米では現役からは早々に引退し、その後コーチとしての専門的な勉強を重ねてきた人が、監督やコーチになるケースが多いようです。


本来ならば、マネジャーはマネジメントのプロにならなければいけないのです。これまでの時代なら、部下としての経験しかないまま課長や部長になり、なんとなく管理職の仕事をしていてもどうにかなりましたが、これからマネジャーになる人には、より高い意識が求められるようになっていくと思います。

そのために、20代のうちから実践的に準備できることはあまり多くはないかもしれませんが、**部下と小チームを組んで業務にあたったり、プロジェクトのリーダーを務めたりするという経験によって、トレーニングしていくこともできる**はずです。

また、マネジメントに関する本を若いうちから読んでおいて、自分ならどんなマネジメントをするかということも、考えておいたほうがいいでしょう。

## スペシャリストでも人間関係は無視できない

一方で、「人間関係でわずらわしい思いをしたくないので、研究職などのスペシャリストになって、組織のラインに組み込まれない働き方をしたい」と考える人もいます。

しかし研究職であれば管理職にならなくて済むかといえば、そういうわけでもありません。年次が上がるにつれ、研究も部下を使いながら行なわなければならなくなるはずです。

ノーベル化学賞を受賞した田中耕一氏も、研究に専念したくてずっと役職に就くことを固辞し続けていたといわれますが、ノーベル賞受賞後には研究所の所長になり、組織で働く人間としての責任も果たしています。

スペシャリストでありながらマネジャーという立場になることは十分あり得るわけで、スペシャリストになれば部下のことや、人間関係のことなど考えなくてもいいというわけではありません。

私は医師としていろいろな製薬会社とかかわる機会がありますが、優秀な研究者がいる製薬会社であれば、いい薬がどんどん開発できて業績が上がるかというと、そうでもないようです。研究者はエリートぞろいで、非常に高度な研究をしている。しかしそれが商品にならない研究であるケースが往々にして見られるのです。

研究者と、MRなど薬をセールスする現場の人間とのコンタクトがあまりうまくいっていないのか、研究者は会社の費用で研究しているにもかかわらず、会社の利益になるような研究をしようという発想に乏しいのか、市場のニーズに合った新薬がなかなか開発されず、既存の薬を売るMRのセールス力でなんとか業績を維持している製薬会社もあります。

一方で、「こういう薬を開発してくれれば売れる」という現場の声に研究者が応えている会社は、やはり業績を伸ばしています。

専門職であったとしても、顧客に近い現場からのニーズに応えたり、現場との人間関係をよくしたりしておかなければ仕事はうまくいきません。また、年次が上がれば、個人プレーではなく部下に指示しながら作業を進めることも、必然的に考える必要が出てきます。

**組織で働く以上、どんなスペシャリストであっても、人間関係を無視して働くことはできない**のです。

立場にかかわらず、必要とされる人間関係のスキルとはそれほどハイレベルなことではなく、**感情をコントロールして相手に対する決定的な悪口をいわない、人の気持ちを無視した行動を取らない**といった基本的なことです。

さらに、スペシャリストを目指すつもりであっても、マネジメントに関する本を何冊かは読んでおくことも大切でしょう。

どんなに優秀であっても、「成果はすべて自分の手柄」という態度を取れば、周囲は当然反発し、本来なら協力してくれたはずの人たちにも背を向けられて、それ以上の成果が上げられなくなるというリスクを無視することはできません。

## マネジャーとスペシャリストの条件とは？

**マネジャーになるには？**

↓

**チームやプロジェクトのリーダーを務めて、**
**実践を積む**

**スペシャリストになるには？**

↓

**市場のニーズを把握し、**
**現場の人間関係改善にも努める**

↓

**どちらの場合も、**
**必要とされるスキルを**
**20代のうちから身につけておく**

04

# 社外の友人は貴重な情報源となる

## 社外の友人は異業種の情報や、転職、キャリアチェンジの情報を教えてくれる

20代なら、別の会社に就職した学生時代の友人とも、わりあい密に連絡を取り合うことが続いていると思います。

**社外にいる人の話は、仕事に関連して異業種の情報を得るうえでも、また転職やキャリアチェンジのための情報収集においても役に立つ**ものです。

ですから、すごく濃いつきあいを保ち続ける必要はないにせよ、貴重な情報源として、異業種で働く友人とのつきあいをキープしておくことは大事だと思います。

異業種の人からいろいろ情報を得る、ということなら、異業種交流会などに参加すればよいのではないかと思うかもしれません。

ただ残念ながら、そのような会合でも、いろいろな業界の人と知り合うことはできますが、よほど意気投合でもしなければ、その場限りのつきあいで終わってしまうことがほとんどです。その後も継続的に連絡を取り合って、あれこれ教えてもらえるような関係に発展することはめったにないものです。

そういう意味では、やはり気心の知れた昔からの友達のほうが、いろいろ教えてくれることは多いのです。学生時代からの親友と呼べる存在がいるなら、それはとても幸運なことですから、大事にしたほうがいいでしょう。

仕事のグチも、社内の同僚や上司などにうかつに話すと、それが命取りになることがないとはいえません。そういうことは、やはり社外の友人に話すようにするのが無難です。ときどき飲みに行って、胸の内をさらけ出して話せる親友とのつながりを大切にしておくことは、後述するメンタルヘルスの観点からも重要なことです。

## 親孝行は「出世払い」でいい

一般論でいえば、20代は親離れして自立する時期です。

就職を機に、実家を離れて一人暮らしを始める人も多いでしょうし、そのまま実家で暮らし続けるにしても、月に数万円程度の食費は入れるというのが一般的だと思います。

いつまでも親元で暮らし続けて独立しようとしない人は「パラサイトシングル」などといわれ、批判的な視線を向けられる風潮もあります。

しかし、昔は東京の大学に通っている学生の半数くらいは地方からの上京者でしたが、今は首都圏で育ってそのまま東京の大学に通う人の比率が増えています。そのため、大学卒業後も親元からそのまま仕事に通う人が増えている印象があります。

**私は、一概に20代なら親元から独立するべきだとか、親元で暮らすならけじめとして生活費を入れるべきだとは思いません。**

**それは、各家庭の事情に応じて考えるべきことだからです。**

もちろん、親元で生活する場合、親がすでに定年退職していて、毎月いくらかずつでも渡さないと親に与える経済的な負担が大きいのであれば、その状況に即して、できるだけのことをする必要はあるでしょう。

しかし、特段の事情もないのに、もう20代だからという理由だけでお決まりのように毎月2～3万円の食費を入れるよりは、その分を自己投資に回すほうが、よほど意義があるのではないかと私は考えます。

親が許してくれる限りにおいては、甘えてもいいのです。もし20代で結婚することになれば、親もまだ若いはずですから、子育てのサポートもしてもらいやすいでしょう。**親という存在から、有形無形の援助が受けられるメリットはとても大きい**と思います。

逆にいえば、20代のうちに親から「自立しなければ」と、あまり思いつめる必要はないということです。仕事でも勉強でも、何かはっきりした目標があって、それに対して親の協力が見込めるのであれば、それを利用しない手はありません。

自分の夢の実現、仕事や勉強での成功を目指すときに、最終的に一番頼りになる存在、決して裏切ることなく自分を支えてくれて、本当の意味であてにできる存在は、親をおいてほかにはいません。

リストラされたなどということさえなければ、親世代のほうが明らかに経済的にも余裕があるわけですから、頼れるときに頼っておくということが、とくに悪いことだとは思いません。

将来的に親が年老いて、生活の世話や介護が必要になったときに恩を返せばいい、というくらいの気持ちでいてもいいのではないでしょうか。

第6章

# 仕事は長期戦。
# 心身を健康に保っておく

01

# 心身の健康が安定感をつくる

## 心と体を健康に保つ人が、長期的に成功する

１９９０年代に、大手広告代理店に勤務していた20代前半の男性が、常軌を逸した長時間残業をこなす生活の末にうつ病を患い、自殺するという痛ましい出来事がありました。この自殺は過労によるものと裁判で認定され、それをきっかけに、若い世代の過労死や過労自殺の問題がクローズアップされました。

まだ若くて体力もある20代でも、睡眠不足や過労でうつ状態になることは多く、それによって死に至ることさえあるのです。20代でも無理は禁物です。また、社会に出て、人間関係に翻ろうされ、メンタルヘルスを害する人もいます。

働く、とは、場合によっては40年以上も続く「長期戦」です。仕事を長く継続する術を、20代から身につけていきましょう。体の健康はほかの本に譲るとして、この本では、主に、「心の健康」について、ヒントをまとめます。

現在では、メンタルヘルスの重要性は多くの人に認識されています。「心のケア」という言葉も、さまざまな場面で聞かれます。

しかし、「心のケア」を考えるうえで、意外に見過ごされがちなのは「人間も生き物である」という基本的な事実です。メンタルヘルスは、人間の生物学的な健康と切り離して考えることはできません。**心の健康は、脳の状態に負うところが大きい**のです。

そのために大切なのは、一に睡眠、二に食生活です。まず、きちんと睡眠時間を確保することが大切です。

学生時代であれば、前日飲みすぎたりして「今日はちょっとだるいな」と感じることがあれば、そのまま昼過ぎまで寝ていることもできたと思います。少しくらいなら、授業をさぼってもあまり問題にはなりませんでした。

しかし、社会人になればそうもいきません。

社会人になると、学生時代から生活は大きく変化します。その中で、**睡眠や食生活など、生物学的な健康にかかわることについて、意識的に注意を払うようにする必要があります。**

食生活の面でも、仕事が忙しくなると、時間が足りなくて朝食を抜いたり、あるいはトースト1枚かじった程度で出かけて、昼食もそばをすするだけで済ませたりするように、タンパク質不足の食生活になりがちです。

朝食を抜くと、血液中のブドウ糖が不足します。脳にブドウ糖が行き渡らないと、脳の働きが低下して仕事の能率が落ち、イライラ感も強くなります。

また、タンパク質不足は脳内の神経伝達物質であるセロトニンの不足を招き、それがうつ病や不眠症の原因になります。**心の健康を考えるうえで、食生活などの基本的な生活習慣は、おそらく一般的に認識されている以上に重要度が高いもの**なのです。

もうひとつ、働き始めて学生時代と変化する点は、太陽光に当たる時間が大幅に減ることです。

外回りがメインの営業職などであれば別ですが、デスクワークであれば朝から晩までオフィスの中で過ごし、昼間は屋外に一歩も出ないということも日常的にあるでしょう。

しかし、「日に当たる」のは、睡眠、食生活と並んで大事なことです。

ある種の成長ホルモンのもとになる物質メラトニンは、太陽光を浴びて14~15時間後に分泌が開始されます。このメラトニンが不足すると、ストレスがたまりやすくなったり、うつ病にかかりやすくなったりします。世界的に見ても、年間の日照時間が少ない北方の国々では、自殺率が高い傾向があります。

最近は節電などのために、オフィス内の照明を抑えているところも多いと思います。一日中、薄暗い室内で過ごせば、それだけで気分がふさぎがちになるはずです。

日中は、せめて昼休みだけでも外に出るようにしましょう。また、朝は早めに起きて、時間に余裕を持って出かけ、一つ手前の駅から歩いて会社に向かうなど、外を歩く時間を増やすのもいいでしょう。**心身の健康のために、生活の中でできるだけ太陽の光に当たる工夫をする**とよいと思います。

## ガス抜きできる話し相手を持つことが大切

メンタルヘルスのポイントとして、生物学的な問題の次に重要なのは、「話し相手がいるかどうか」ということです。

上司とうまくいかないとか、仕事で壁にぶつかった、恋愛で悩んでいるなどというときに、泣き言や不安な気持ちを吐露できる相手がいるかどうかは、とても重要です。

**学生時代からの親友や、社内で親しい同期、人間として信頼できる上司など、「この人になら話せる」という相手がいるのなら、その関係は大切にしたほうがいい**でしょう。

さらに、**親との関係も大切**です。

仕事の悩みや会社の批判は、なかなか会社関係の人には話しにくいことです。社外の親友になら話せるかもしれませんが、親友がその問題に対して、直接的に力になれることがあるとは限りませんから、話してもガス抜きにとどまることがほとんどのはずです。

その点、親は、「会社がつらくてどうしても耐えられそうにない」と打ち明けたら、「そこまでつらいのなら、1年くらいなら生活の面倒は見てやるから、別の仕事を探してみたら」「学校に通い直して資格を取るなら、応援してやるぞ」などと、現実的な援助を申し出てくれることもあります。

実際にその言葉に甘えるかどうかは別としても、そういってくれる人がいるというだけで、心の持ちようはだいぶ違ってきます。

あるいは、それが恋人であってもいいでしょう。

どんな関係の人でも、自分にとって救いになってくれるような存在がいれば、気持ちが落ち込んでいても、だいぶ救われるはずです。心のうちに抱えているものを人に話すことができれば、それがガス抜きになります。

とにかく、悩みを打ち明けられる存在を確保しておくことが大切です。

逆にいえば、身近な人に対しても弱音をはかず、援助の手を差し伸べられても素直に受け入れられずに拒絶してしまう人は、精神的に追い込まれる可能性が大きいのです。

学生生活は、人間関係が多少うまくいかなかったとしても、それが致命的な問題になるということはそれほどないものです。場合によっては受ける授業を変えたり、ゼミを移るなどの方策を取ることもできます。

しかし、職場は学校と違って、そのような「逃げ場」がないだけに、精神的に追い詰められやすい環境なのです。

ときには弱さをさらけ出したり、人に頼ったりすることで、気持ちのバランスを保つようにしていきましょう。

## 過労やうつ病を予防するには？

### ポイント1 しっかり睡眠を取る

睡眠不足はうつ状態を招くことが多い

### ポイント2 ちゃんとした食生活を送る

ブドウ糖やタンパク質不足は能率低下やうつ病、不眠症を招くことがある

### ポイント3 日光を浴びる

太陽光を浴びて分泌が始まるメラトニン不足はうつ病の原因にもなる

### ポイント4 人に悩みを打ち明ける

弱音を聞いてくれる人をつくり、大切にする

02

# したたかで、バランスのいい考え方をする

## 物事を最初から決めつけない

メンタルヘルスには、ものの見方や考え方を、いかに多様に保っておくかも大事です。

会社のような組織は、その中でのルールや常識のようなものが形成されやすい環境です。その中にいると、仕事や人間関係において「こうに決まっている」「こうでなければならない」と、物事を決めてかかる発想をしてしまいがちです。

上の立場にいる人間の言うことは絶対で、「かくあるべし」ということがいろいろと決められてしまっている状況に置かれると、決められたとおりのことができなかったときに、

自分を追い込んでしまうこともあります。
しかし、そうした考えにとらわれずに、「こういう考え方でもいいんじゃないか」と、**別の可能性を想定できると、気持ちは楽になります。**

たとえばあなたがセールスをしていて、なかなか売上が上がらなかったとします。「売上は、いかにたくさんの顧客を回ったかによって決まる」という考えの上司なら、「お前は1日30件しか回っていないから売れないんだ。明日から100件回れ」と指示されるかもしれません。
しかしそこで、「そうだ、そうに決まっている。そうしなければ」とむやみに従ってしまうのではなく、「いや、そうではないのかもしれない」と思えるかどうかが重要なのです。

あなたの売上が上がらないのは、顧客の訪問件数以外にも理由があるのかもしれません。もしかしたら、セールストークがあまり上手ではないからかもしれない。だとすれば、それを改善するほうが、売上アップに結びつく可能性もあります。

上司の言っていることが絶対に正しいとは限らないはずです。あくまでも、上司にとって正しいと思うやり方、上司にとってうまくいくやり方がそうであるというだけの話です。

この場合、上司の言うことだけでなく、ほかの可能性も考えるなら、売上を上げるために、顧客の訪問件数を増やす以外の解決法を考えてみてもいいはずです。

「決めつけ」に従って、１００件の顧客を回ったとしても、それで依然として売上が上がらなければ、ますます精神的にも追い込まれてしまいます。しかし、ほかの可能性もあると考えられれば、その分、心に余裕が生まれます。

このように、会社というのは「こうであらねばならない」という思考が随所に存在する組織です。それに対して「そうとは限らない」という視線を持ち、ほかのやり方も工夫してみたり、「こうであらねばならない」を、絶対的な義務ではなく「こうであったほうがいい」という、ひとつの努力目標として受け止めたり、といった柔軟さや、一歩引いた冷静な視点が必要だと思います。

若ければ若いほど、自分が置かれた環境に存在する「決めつけ」から自由な発想を持つのも容易なはずです。**将来的にも、思考が柔軟な人間のほうがサバイバルできる確率は高いでしょう。**

また、組織で働いていると「二分割思考」にも陥りやすいものです。二分割思考とは、物事を白か黒かにはっきり分けて、中間のグレーを考えない思考のことです。この思考パターンでは、人のことも、敵か味方か、どちらかに分類してしまいます。

しかし人間は「敵でなければ味方」、あるいは「味方でなければ敵」とは限りません。敵と味方の中間ゾーンの人も、当然ながらたくさん存在します。

慕っていた上司に、ある日厳しく叱られたら、その途端に「もう自分はこの人に見捨てられた」と思い込んでしまう人もいます。

しかし、叱られたからといって、急にその上司が自分の敵になったとか、自分を嫌いになったと決めてかかってはいけません。

これまでの関係から見て「以前よりは多少ダメな奴だと思われたかもしれないが、なんとかなる」というふうに受け止めればいいのです。

**感情をバランスよく保つためには、白か黒かに分ける単純な二分割思考ではなく、グレーゾーンを認識する「認知的複雑性」を持つことが必要**です。

そのほか、ストレスを招きやすい決めつけの一種として「自己関連づけ」も挙げられます。これは、何でも「自分のせい」だと思ってしまう認知の歪みのことです。

たとえば、仕事がうまくいかなかったとき、すべて自分の責任だと思い込んでしまう、ということが、若いうちはとくにありがちです。

しかし、**ほとんどの物事の原因は多種多様であり、仕事がうまくいかなかったときでも、何かしら別の要因がある**はずです。１００％自分のせいだと考えないことです。そう考えると、必要以上に落ち込み、強い罪悪感でストレスから抜け出せなくなってしまいます。

逆に、うまくいったときに、本当は周囲のアシストなどほかの要因もあったのに、すべて自分の手柄のように考えてしまうというのも、同種の「決めつけ」であり、バランスを欠いた思考です。

## バランスよく感情を保つには？

**白か黒か、単純な思考パターンはやめる**

生きるべきか
死ぬべきか……

**柔軟で、複眼的な思考をする人のほうが
サバイバル能力も高い**

ほかにも道は
あるさ

うまくいったときも、いかなかったときも、自分の力だけでなく、何かほかにも要因があると考える、複眼的な思考を保つことが大切です。

## 変えられるものから変えていけばいい

人が悩みから抜け出せなくなるケースの多くは、変えられないものを変えようとすることに起因しています。

そこで必要になってくるのは、**「変えられないものは仕方ない。変えられるものを変えていこう」という発想**です。神経症の治療などに適用されている、日本独自の精神療法である「森田療法」は、この考え方に立脚しています。

たとえば、顔が赤くなりやすいことがコンプレックスで、人と会うのが怖いという人がいたとします。

顔が赤くなること自体は血流によって自然に引き起こされる現象なので、意志の力で止めようとしてもできないものです。つまり、顔が赤くなることは「変えられない」のです。

しかし、顔が赤くなることは変えられなくても、「人と会う」という行動の部分は意志によって変えられます。ですから、「顔が赤くなっても、人と会うことはできるでしょう。顔が赤いままでも、とりあえず会ってみたら」とアドバイスすることは可能です。

ただし、「とにかく人に会え」というだけでは、悩んでいる当人にとっては解決になりません。そこで、解決を探るために使われるのが「目的本位」という考え方です。

まず、なぜ「顔が赤いと人に会うのが怖いのか」について考えます。そして「顔が赤いと、人に悪い印象を与えて、嫌われてしまうから」という答えが導き出されたとします。

でも、「嫌われるのが怖い」なら、顔が赤くなるのが嫌だからと、会うのを断るほうが、もっと嫌われる可能性が高いかもしれません。

逆に、顔が赤くても会いに行って、「顔が赤くなるのが恥ずかしいけれど、どうしても会いたくて来た」という気持ちを伝えれば、誠実な人だとかえって好感を持たれるでしょう。

そもそもの目的が「人に嫌われないこと」だとすれば、顔が赤くなることを治さなくても、嫌われない方法はあるのです。

吃音《きつおん》症やあがり症が悩みで、セールスの仕事はできないと悩んでいる人もいるかもしれませんが、一生懸命にセールスをすると「この人はまじめで、人をだましたりはしそうにない」と思われて、かえって売上が伸びるかもしれません。

顔が赤くなることや、吃音症などを治すことよりも、人と対面したときのシナリオをどうするかを考えるほうが、よほど重要で、合理的です。

こうした悩みを抱えている人たちは、「悩まなくていいことで悩んでいる」状態であるともいえます。顔が赤くなることを悩んでいる人は、「顔が赤くなることさえ治せれば、人から好かれて、人間関係がうまくいくようになる」というふうに考えてしまいがちです。しかし、多くの場合、物事はそれほど単純ではありません。

人間関係がうまくいかないことについて悩むのであれば、それを改善する方策はいろいろ考えられます。しかし、「顔が赤くなること」については、いくら悩んでもそれを解決する手はないのですから、そこを悩んでも仕方がないということになります。

また、「試験前になると、落ちるのではないかと不安になって、勉強が手につかなくなる。どうしたら不安をなくせるのか」と悩んでいる人もよくいます。

不安は、その原因が存在する限り、容易に抑えられるものではありません。しかし、その人にとって、本来の目的は「不安をなくすこと」よりも「試験に合格すること」のはずです。**不安そのものをなくそうとするより、もっと本質的な目的に目を向けるべき**です。「試験に受かるかどうか」が本来の心配事なのであれば、試験に受かるためにするべきことが勉強であることは明らかです。こう考えれば、不安がなくなりはしなくても、今するべきことは勉強だと納得できて、机に向かえるはずです。

強迫神経症の人は、外出するときも自宅の鍵がちゃんとかかっているかどうかが気になり、何十回も確かめてしまうことがあります。

しかし、出かけるのが遅れて、大事なアポイントに間に合わずに仕事を失ってしまえば多大な損失です。この場合は、遅刻せずに出かけられるかどうかをまず心配するべきです。

このように「悩まなくてもいいことについて悩むのをやめさせて、本来悩むべきことについて悩ませるようにする」というのが森田療法の基本的な考え方です。**悩むのをやめるのではなく、悩むべきことについて悩むようにする。**こう心の持ち方を変えれば気持ちも楽になり、結果として本質的な悩みの解決にもつながりやすいのです。

## メンタル系の診療を受けることをためらわないこと

メンタル面で不調を感じた場合には、医療機関に行くことに対する心理的なハードルを下げておくことも大切です。

うつ病は、脳内の神経伝達物質の不足によって起こると考えられています。病理的な脳内の失調に関しては、思考法を変えるなどの対処だけではどうにもなりません。**医療機関で診察を受け、適切な薬を処方してもらうことなどが必要**になります。

企業によっては、メンタルヘルスのプロを雇って社員が相談できるようにしているところもありますから、そのようなサポートを利用して損はないし、メンタルヘルスに関する

## 仕事でストレスを感じたら？

**悩んでも仕方ないことについては悩まない**
**本来悩むべきことについて悩むようにする**

それでも悩みが止まらなければ……

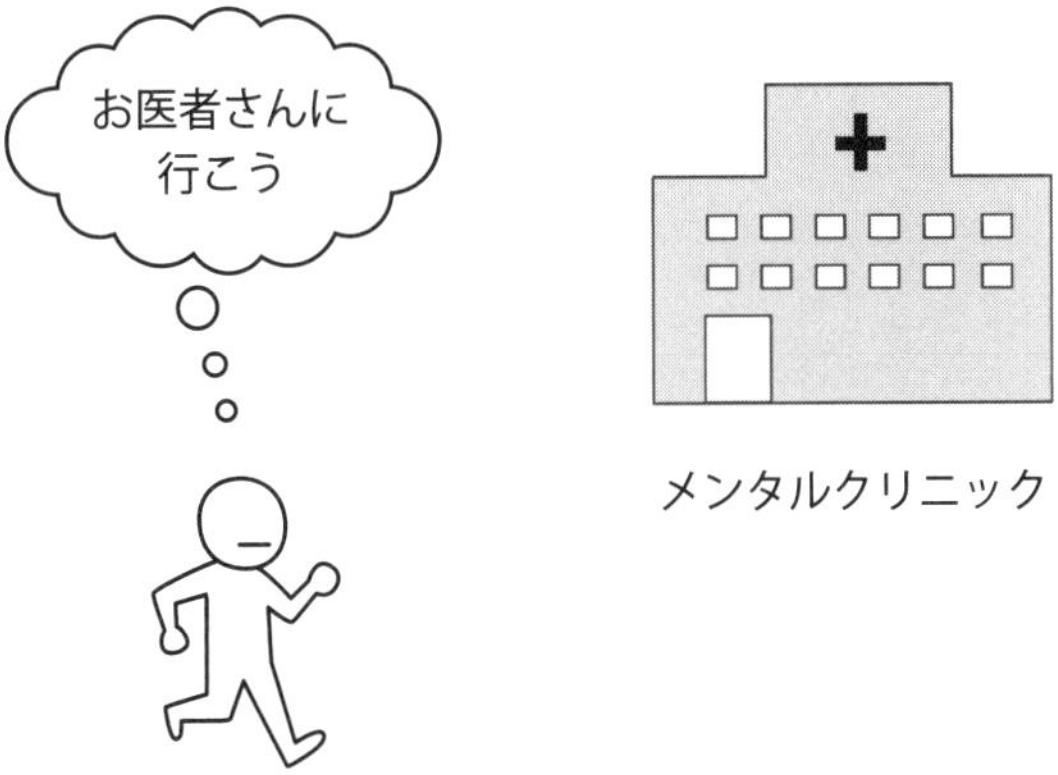

診療を受けたことで、出世に差し支えることもありません。

前述のように、睡眠や食生活、日光に当たる量など、生物学的なことに起因してうつ病になってしまうケースもありますから、急に食欲が落ちる、夜中に何度も目が覚める、明らかに意欲がわかないなどの不調を感じたら、ためらわずに専門医の診療を受けるようにしてください。

## したたかであることに罪悪感を持たない

就職活動に有利だからと、ボランティア活動をする学生が批判されることがありますが、私は功利的なボランティアが悪いことだとは思いません。むしろ、それを思いつくだけ立派だと思います。

心の持ちようとして、もう一つお伝えしたいのは、あまり**「○○するのはずるい」と考えすぎないほうがいい**ということです。

出した結果を評価されるのが大人の世界です。人のまねをして成功することは別に悪いことではなく、複数の異性とつきあって情報を得ることも、言語道断というほどのことではありません。

ある年代になれば、年齢なりのかせが生まれて、「ずるい手」はそうそう使えなくなる時期が来ます。

若いうちだからこそ許されるということはたくさんあるものです。もちろん、会社のお金を横領するとか、経費をごまかすようなずるさは許されませんが、特定の彼氏や彼女がいてもほかの異性と交流するとか、勉強の時間を確保するために多少の嘘をついて社内の飲み会をさぼるというようなことはそれほど気にする必要があるとは思えません。

一般的な尺度で、ばれても会社をクビにならない程度のことや、多少自分が後ろめたいと感じる程度のことに関して、過度に「ずるいことをしている」と気に病むより、まずは結果を出していくことを考えたほうがいいのです。

**行動の一部分に焦点を当てすぎるのではなく、自分がより成長すること、より強くなること、物事をより深く知ることのほうに焦点を当てていく。** 20代のみなさんには、そんなある種のしたたかさや賢さも持ってほしいと思います。

## 人生の幅を自分なりに広げ、年を取るほどいい人生になるようにする

私は今50代に入っていますが、大学時代の同期には、大学の医局に残り、地道に医学研究の世界を歩んできた人も多くいます。

その世界では教授のポストが現実的になる年代ですが、教授を選ぶ選挙では、すでに教授になっていて自分を応援してくれる同期がどれくらいいるかなど、自分自身の実力とは無関係の力学が大きく影響します。

結果的に、ずっと熱心に仕事に取り組んできて、それなりに業績を挙げていてもなかなか教授になれない人も出てきます。実力だけでは報われない、ある意味理不尽な世界で、そうこうしているうちに60歳の定年もちらつくようになってきます。

私は医師としての仕事以外に、さまざまな仕事や楽しみを持ち、好きなように生きてきました。ある意味、医師としてはドロップアウトした生き方といえるのかもしれません。

現に、20代や30代のころまでは、まわりからうらやましがられることはほとんどありませ

んでした。

ところが、この年代になり、医師の道ひとすじで歩んできて、そろそろ先が見えてきたような同年代からうらやましがられることが多くなりました。

私は前述のように、学生時代から面白そうな世界に首を突っ込み、いろいろな人と会ってきましたが、医学部出身者の多くは医師としての世界しか知らないので、それ以外の選択肢や生き方を選びたくても選べなかった人も多かったのではないかと思います。

「これしか道がない」と限定してしまっても、あまり得なことはありません。多様な選択肢を持つためにも、20代はいろいろな経験をしたほうがいいのです。私も、20代での経験があることによって、今を豊かに楽しむことができていると思っています。

**多少のリスクや失敗はあるかもしれませんが、30代、40代になってから後悔しないことのほうが重要です。**「あのとき、まじめすぎて損をした」と、後から後悔することのないように、いろいろなことにチャレンジしながら20代の今を過ごしてください。

〔著者紹介〕
和田　秀樹（わだ　ひでき）
1960年大阪府生まれ、精神科医。東京大学医学部卒、東京大学付属病院精神神経科助手、アメリカ・カールメニンガー精神医学校国際フェローを経て、日本初の心理学ビジネスのシンクタンク、ヒデキ・ワダ・インスティテュートを設立し、代表に就任。国際医療福祉大学大学院教授。一橋大学経済学部非常勤講師（医療経済学）。川崎幸病院精神科顧問。老年精神医学、精神分析学（特に自己心理学）、集団精神療法学を専門とする。
著書は『頭のいい大学四年間の生き方』『意欲格差』（中経出版）『大人のための勉強法』『受験は要領』（PHP研究所）『脳科学より心理学』（ディスカヴァー・トゥエンティワン）『テレビの大罪』（新潮社）など多数。心理学、教育問題、老人問題、人材開発、大学受験などのフィールドを中心に、テレビ、ラジオ、雑誌や数多くの単行本を執筆し、精力的に活動中。映画初監督作品『受験のシンデレラ』でモナコ国際映画祭最優秀作品賞受賞。

本書の内容に関するお問い合わせ先
中経出版編集部　03（3262）2124

人生で一番大切な　20代の生き方　（検印省略）

2011年7月24日　第1刷発行

著　者　和田　秀樹（わだ　ひでき）
発行者　安部　毅一

発行所　㈱中経出版
〒102-0083
東京都千代田区麹町3の2 相互麹町第一ビル
電話　03（3262）0371（営業代表）
03（3262）2124（編集代表）
FAX 03（3262）6855　振替 00110-7-86836
ホームページ　http://www.chukei.co.jp/

乱丁本・落丁本はお取替え致します。
DTP／キャップス　印刷／恵友社　製本／三森製本所


ISBN978-4-8061-4117-4　C2034